Training Note トレーニングノートα 現代文読解

はじめに

本書は、高等学校の現代文読解の基礎学力養成を目的とした問題集である。

文章の選定にあたっては、主題が端的に提示され内容を掴みやすい文章ということを第一に重視した。次に、教科書に採用されている筆者やその分野において著名な筆者の作品を中心に選定した。また、今日課題になっている事柄から普遍的な問題まで、さまざまな話題を取り上げるようにした。

単元の配列は設問の難易度順とし、学習の積み上げにより、徐々に力がつくよう配慮した。

読解の基礎は、文章を丁寧に読み、著者が述べようとしていることを正確に解釈する修練を重ねることによって培われる。本書が読解の基礎力養成の一助となることを願っている。

本書の特色

(1) 素材として選んだ文章は、著名な著者のものを中心とし、教科書の補助教材としても使用できるよう配慮した。

(2) 各問題は二ページ構成で、文章も一〇〇〇字程度のものとした。また、解答はすべて書き込み式にし、別冊の「解答、読解のポイント、解説」の参照ページを示して自己採点しやすくした。

(3) 基礎的な内容の設問を中心に収録し、「α現代文」よりも記述式の問題をやや多く収録した。時間配分は二〇分を目安とし、比較的短時間で集中的に取り組むことができるようにした。

(4) 「漢字」の問題と「語句」の注は、本文の下段にまとめた。

(5) 各設問ごとに配点を示し、「漢字」を含め、全体で五〇点満点とした。

(6) 各章の終わりには、それまでの力を試す「章末問題」を設けてある。「章末問題」は二ページ構成とし、応用力を試す問題となっている。

目次

第1章　言葉を味わう

第2章　現代社会の諸問題を知る

第3章 日本や世界の文化に目を向ける

1 随筆 漱石は小説の先生である ―― 奥泉光

『「吾輩は猫である」殺人事件』など、一連の①漱石作品を下敷きにした小説を書く時、最も苦労したのが僕自身の語彙（ごい）の少なさです。漢詩漢文のaソヨウが漱石とは違いますから、自分の語彙を増やしていかなければならなかった。そこで、漱石も読んでいたという、禅語を順序の決まりなく並べた『禅林句集』を使って、僕が今まで書いたこともない単語や、知らなかった言葉まで小説に登場させました。たとえば「ものすごく黒い、暗い」を表すのに②「漆黒の闇」と書いたのではなんだか漱石的ではない。そこで『禅林句集』を引くと「黒漆桶（しっつう）にある」という*フレーズが見つかって、あ、これだ、と。そうして書いていくうちに、③僕は直感的にわかったんです。漱石も、同じ感覚で書いていたに違いない。『吾輩は猫である』の中に、他とはb趣が違う、やたらと禅語ばかりが出てくる部分があります。漱石は『禅林句集』を読んでいるまさにそのときに、この場面を書いたはずだ、と直感した。それは、言葉は自分の中ではなく、世界に自分とは離れて存在しているモノだ、という感覚なのです。自分の中に豊かに溜（た）まっていって、自分の魂とcガッチして、そこから言葉が出てくるわけではない。④言霊（ことだま）という考え方の対極です。

⑤*自然主義の流れにある「私小説」や「心境小説」は、自分にとって実感的な言葉で書かれていると言っていいでしょう。同じようにdシンペンの題材を扱っても、漱石はまったく違うものを生み出しています。イギリスeリュウガクをしていましたから、英語で考え、書くこともできた。言葉によって自分の思考が変えられてしまう経験があったはずです。英語で書く自分、漢詩で書く自分、そして日本語で書く自分は少しずつ違う。しかも、当時はまだ言文一致が始まったばかりの日本語です。言葉が自分の身に合わないこともあると、漱石は知っていたのでしょう。

⑥形を重要視する俳句や漢詩に興味があったというのも、うなずけます。短歌が自分の中から湧き出す思いを言葉に託すものだとしたら外から言葉を持ってきて、五・七・五の形にするのが俳句です。漱石は言葉をモノとして捉え、言葉に対するセンスを磨いていった。そのことが、僕を何度も漱石作品へと向かわせる理由なのです。

［　月　日］

時間 20分 得点

解答▸別冊1ページ

漢字（各2点）

a ソヨウ ［　　］

b 趣 ［　　］

c ガッチ ［　　］

d シンペン ［　　］

e リュウガク ［　　］

語句

フレーズ…慣用句・成句。

自然主義…一九世紀末、フランスで提唱された文学理論に基づく作品、及びそこから影響を受けた日本の明治・大正時代の文学のこと。

□(1) 傍線部①とあるが、「漱石作品」でないものを次から選びなさい。(6点)

ア 明暗
イ 道草
ウ 三四郎
エ 舞姫
オ 倫敦塔

□(2) 傍線部②とあるが、筆者が「漱石的ではない」と感じた理由として適切なものを次から選びなさい。(6点)

ア 「漆黒の闇」は漱石が決して使わないフレーズだから。
イ 「漆黒の闇」は筆者にとってはありふれたフレーズだから。
ウ 「漆黒の闇」は『禅林句集』にはないフレーズだから。
エ 「漆黒の闇」は当時は使わないフレーズだから。

□(3) 傍線部③とあるが、「僕」が「わかった」ことを簡潔にまとめなさい。(8点)

□(4) 傍線部④とほぼ同じ内容を表現している箇所を、これより後から二十字以内で抜き出しなさい。(6点)

□(5) 傍線部⑤「自然主義」の作家を次から選びなさい。(6点)

ア 田山花袋
イ 志賀直哉
ウ 川端康成
エ 谷崎潤一郎

□(6) 傍線部⑥とあるが、筆者が「うなずけ」るのはなぜか。その理由をわかりやすく説明しなさい。(8点)

解答欄

(1)

(2)

(3)

(4)

(5)

(6)

2 小説 吉里吉里人（きりきりじん） ―― 井上ひさし

〔　月　日〕

時間 20分 得点

解答▸別冊1ページ

戦後は、方言の社会的価値が見直され、ほぼ[a]フッケンが実現しつつあるといわれますが、はたしてそうでしょうか。わたしたちは①〈その骨董的価値が見直され〉ているにすぎないと考えます。さもなくば宮田輝氏の「おばんです」や連続テレビ小説などでその芸能的価値が見直されているにすぎぬ。

この小冊子を手引きにして方言、すなわちズーズー弁のなかのひとつである吉里吉里（きりきり）語(注)を学ぼうとなさっている日本国のみなさんに申しあげる、②わたしたちにとって吉里吉里語は宿命なのです。父を、そして母を選ぶことができないように、わたしたちは自分の生（うま）れる土地の言葉を選ぶことはできません。標準語は人工のものであり、③中央のある人びとの「意向」であり、[b]チョウヘイ命令や戦死通知や増産命令や[c]*減反命令を運んでくる樋（とい）にすぎなかった。しかし吉里吉里語はわたしたちにとって六月の長雨や八月の暑熱や十月の清冽（せいれつ）な大気や十二月の根雪や三月の雪どけと同じように自然現象なのです。田畠もなく百姓もいない東京の言葉で、田植どきの水田の泥のあの頼もしい温（あたたか）さを表現できましょうか。吉里吉里語で「ああ、なじょにもかじょにもぬるこいごどなあ」という言い方しかない。[d]リョウキといえば冷房機からの石油が原料の風しか吹かない東京の言葉で、灼熱（しゃくねつ）の陽下で三番除草の田を一枚終えて、*畔（くろ）の木蔭で肌をひろげて呼び込むあの風の涼しさをどう言い現わすことができるというのか。吉里吉里語で「ああ、すずこいごど。[e]ゴクラクだっちゃ」という言い方しかない。（中略）

わたしたちはもう東京からの言葉で指図をされるのはことわる。わたしたちの言葉でものを考え、仕事をし、生きていきたい。わたしたちがこの地で百姓として生きるかぎり、吉里吉里語はわたしたちの皮膚であり、肉であり、血であり、骨であり、つまりはわたしたち自身なのだ。わたしたちがわたしたちの言葉でものを考えはじめるとき、中央の指図とはまっこうからぶつかる。そのようなとき、これまでわたしたちは泣く泣く［A］や共通語に自分の頭を切りかえたのだった。しかしそれはもはや過去の語り草となった。百姓は百姓語によって生きていかなければならない、学者が④舶来の横文字を支えに生きているように。吉里吉里人は吉里吉里語によって立たなければならない、政治家が「ワシハ、ダ」「ソレハ、ダ……」などの政談方言で立っているように。［A］や共通語と衝突するならば百姓語で、吉里吉里語で「うんにゃ、もはや後（あと）さは引けねがんべ

漢字（各2点）

a フッケン 〔　　〕

b チョウヘイ 〔　　〕

c 減反 〔　　〕

d リョウキ 〔　　〕

e ゴクラク 〔　　〕

語句

減反…農作物の作付け面積を減らすこと。

畔…「あぜ」とも。田と田の土を盛り上げた境。

じど」と言い返すだけのこと、このたびの分離独立はじつにその「うんにゃ」の⑤嚆矢（こうし）なのである。そして⑥「うんにゃ」と答えたとたん、日本語が外国語になってしまったのであった。

（注）吉里吉里語…吉里吉里国は、井上ひさしの小説『吉里吉里人』に登場する架空の国。そこで話される言葉（東北弁）を吉里吉里語とした。

□(1) 傍線部①とは、どういうことか。適切なものを次から選びなさい。（6点）

ア 方言のその価値は評価されたが、まだ市民権を得たとはいえないこと。

イ 方言と共通語の格差はなくなったが、それでも共通語の方が重視されていること。

ウ 方言のその価値は評価されたが、実用的な価値は否定されているということ。

エ 方言の価値を渋々認めながらも、心の中ではその価値を重視していないこと。

□(2) 傍線部②の「宿命」とは、この場合どのような意味か。文中より四字で抜き出しなさい。（5点）

□(3) 傍線部③を言い換えた箇所を、文中より十四字で抜き出しなさい。（6点）

□(4) 空欄Aに入る言葉を文中より抜き出しなさい。（5点）

□(5) 傍線部④・⑤の意味を次からそれぞれ選びなさい。（各5点）

④ 舶来 **ア** 貴重な品物。 **イ** 外国から来た品物。 **ウ** 芸術的な品物。 **エ** 値段の高い品物。

⑤ 嚆矢 **ア** 物事のはじめ。 **イ** 重大な決意。 **ウ** 激怒すること。 **エ** 熱心に行動すること。

□(6) 傍線部⑥とはどういうことか。わかりやすく説明しなさい。（8点）

解答欄

(1)

(2)

(3)

(4)

(5) ④ ⑤

(6)

3 評論 反哲学入門 ―― 木田元

哲学を不幸な病気だと考えることが、わたしにとっては①「哲学とはなにか」を考えてゆく上での出発点になっているのかもしれません。よく、日本には哲学がないからだめだ、といったふうなことを言う人がいますね。しかし、わたしは、日本に、西欧流のいわゆる「哲学」がなかったことは、とてもいいことだと思っています。たしかに日本にも、人生観・道徳思想・宗教思想といったものはありました。そして、西洋でもこうしたものが哲学の材料にはなっていますが、これがそのまま哲学だというわけではありません。

「哲学」という言葉の由来や性格や意味についてはあとでゆっくり考えなければなりませんが、いまは哲学とは、そうした人生観・道徳思想・宗教思想といった材料を組みこむ特定の考え方だということにしておきましょう。あるいは、哲学とは、「ありとしあらゆるもの（あるとされるあらゆるもの、存在するものの全体）がなんであり、どういうあり方をしているのか」ということについてのある特定の考え方、a切り縮めて言えば「ある」ということがどういうことかについての特定の考え方だと言ってもいいと思います。

こうした考え方が、西洋という文化圏*には生まれたが、日本には生まれなかった。いや、日本だけではなく、②西洋以外の他の文化圏には生まれませんでした。というのも、そんな考え方をしうるためには、自分たちが存在するものの全体のうちにいながら、その全体をbミワタすことのできる特別な位置に立つことができると思わなければならないからです。

いま、「存在するものの全体」を「自然」と呼ぶとすると、自分がそうした自然を超えた「超自然的*な存在」だと思うか、少なくともそうした「超自然的存在」と関わりをもちうる特別な存在だと思わなければ、存在するものの全体がなんであるかなどという問いは立てられないでしょう。［ A ］と信じ切っていた日本人には、そんな問いは立てられないし、立てる必要もありませんでした。西洋という文化圏だけが超自然的な原理*を立てて、それをcサンショウにしながら自然を見るという特殊な見方、考え方をしたのであり、その思考法が哲学と呼ばれたのだと思います。（中略）

しかし、自然とは、もともとは文字どおりおのずから生成していくもの、生きて生成していくものです。それが、

〔　月　日〕

時間 20分 得点

解答▶別冊2ページ

漢字（各2点）

a 縮めて 〔　　〕

b ミワタす 〔　　〕

c サンショウ 〔　　〕

d 準拠 〔　　〕

e ハじる 〔　　〕

語句

文化圏…共通の文化が分布する一定範囲の地域。

超自然的…自然の法則を超越していて、神秘的であること。

原理…事物や事象が依拠する、根本的な法則。

準拠…あるものをよりどころとし、それに従うこと。

超自然的原理を設定し、それに準拠[d*]してものを考える哲学のもとでは、制作のための死せる材料になってしまう。そういう意味で哲学は③自然を限定し否定して見る反自然的で不自然なものの考え方ということになります。

先ほど、わたしは「哲学」を否定的なものとしてしか考えられないと言いました。いったい、哲学はなにを否定しているのでしょうか。やはり、自然に生きたり、考えたりすることを否定しているのだと思います。ですから、日本に哲学がなかったからといってハじる[e]必要はないのです。

□ (1) 傍線部①とあるが、筆者はこの問いに対して、いったんどのような答えを出しているか。五十字以内で説明しなさい。（8点）

□ (2) 傍線部②とあるが、西洋でのみ哲学が生まれたのはなぜか。わかりやすく説明しなさい。（8点）

□ (3) 空欄Aに入る言葉として適切なものを次から選び、記号で答えなさい。（8点）

ア 自分がもともと自然とは相反する存在である
イ 自分は特別な存在がいなくても生きていける
ウ 自分が自然のなかにすっぽり包まれて生きている
エ 自分はここに存在することを神から許されている

□ (4) 傍線部③とあるが、どういうことか。四十字以内でわかりやすく説明しなさい。（8点）

□ (5) 二重傍線部について、筆者が日本に哲学がなかったことを「いいこと」だというのはなぜか。わかりやすく説明しなさい。（8点）

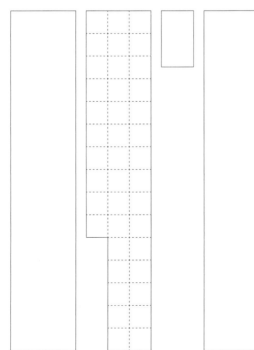

解答欄

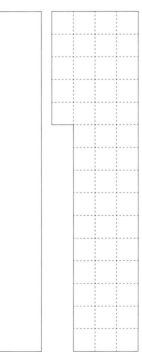

(1)

(2)

(3)

(4)

(5)

〔　月　日〕

時間 20分　得点

解答▸別冊3ページ

4 随筆　日本の詩歌 ―― 大岡信

言語の形式そのものの中で主語を明確に示さなくても、会話にはほとんど支障を来たさないという日本語の特徴は、日本人の言語意識全体のかかえている大きな問題を暗示しています。ある言語の文法的特徴は、その言語を用いている民族の言語意識の反映*ですから、日本語の文構造において主語の存在が[a]希薄であるという明らかな事実は、そのまま、民族としての日本人の中に主語の意識が希薄であるということを示しているでしょう。

私たちは①このことから生じる問題を、現代においてもたえず経験しています。日本人が、よほど例外的な人を除いて、②おしなべて外交上の討論が下手であり、できれば議論を避けたいと本能的に望む傾向があることも、このことと深くつながっていると私は思います。主語を明確に発し、他者を明確に自分と区別し、主格たる自分の自己主張を断固として貫くという行き方は、日本人の言語意識を誕生以来たえず養っている、「日本語」という揺りかごにおいては、〔　　〕と考えられます。

このような言語的特質が、日本の和歌、とりわけその最重要のジャンル*である恋歌の中に、いわばもっとも濃密に[b]凝縮された形であらわれていたのだと、結局のところ言えるでありましょう。まさしく一民族の文化をもっともよく要約して示すのは、その民族の詩歌です。それが日本の場合には、他の何にも増して、恋の詩歌であったわけですが、③日本では、恋歌がそのままの姿で風景詩でもあれば自然詩でもあったところが、たぶん世界のどこにも見られない独自の性格だったのです。

これを裏返して言えば、日本では、風景や自然を歌う「叙景歌」は、じつは本来恋心を歌う「抒情歌」として機能すべきものである場合が多かったのです。『万葉集』や『古今集』のごとき、もっとも古い、それゆえもっとも基本的な和歌の選集において、とりわけその性格は[c]ケンチョです。

こういう叙景と抒情の一体化時代は、古くは七世紀頃の和歌以来大いにさかえ、十二世紀末までの平安時代を通じて、[d]オトロえることがありませんでした。

風景を純然たる風景としてとらえ、その動きや静止、光と影の多彩な変化、季節の推移その他を、まさに十九世紀印象派(注)画家の先駆者*ともいうべきみごとな自然把握によって示してくれた④一群の自然詩人たちが現れる

漢字（各2点）

a 希薄〔　　〕

b 凝縮〔　　〕

c ケンチョ〔　　〕

d オトロえる〔　　〕

e 翻弄〔　　〕

語句

反映…あるものが、他に影響すること。

ジャンル…種類。領域。

先駆者…ある分野を開拓する者。草分け。

のは、平安時代が幕を閉じ、武士を新しい主人公とする鎌倉時代が始まって約一世紀が過ぎた十三世紀末、十四世紀前半の時代です。(中略)

主観性の内側にだけ閉じこもって、明確な主体と客体の区別さえない抒情の世界にひたすら包みこまれていた、平安時代の長いまどろみの時はついに過ぎ去りました。帝王も貴族も、新しい時代の激しい動きに翻弄されつつある自分たちの位置に目覚めざるを得なかったのです。

(注)印象派…目に映った印象をそのまま表現しようとする芸術運動。19世紀後半にフランスで始まった。

□(1) 傍線部①とあるが、筆者は何からどのような問題が生じると指摘しているか、説明しなさい。(8点)

□(2) 傍線部②の意味を次から選び、記号で答えなさい。(6点)

ア すべて一様に　イ ごく一部では　ウ 推測すると　エ 実感として

□(3) 空欄に入る言葉を次から選び、記号で答えなさい。(8点)

ア 一貫して保たれていた
イ あまり明確な形では育たなかった
ウ それなりに重要なこととされていた
エ 一部の人の個人的傾向にとどまっていた

□(4) 傍線部③とあるが、筆者はこの原因をどのように考えているか。簡潔に説明しなさい。(8点)

□(5) 傍線部④とあるが、このときになって大きな変化が起こったのはなぜか。わかりやすく説明しなさい。(10点)

解答欄

(1)

(2)

(3)

(4)

(5)

5 評論 日本語はなぜ変化するか ―― 小松 英雄

敬語は日本語に特有であり、日本人の繊細な心性のハンエイ[a]であると説明されることが多い。しかし、それが事実であるとしたら、日本語とよく似た敬語システムをもつコレア語(朝鮮半島の言語)を話す人たちも、日本人と基本的に共通する心性の持ち主でなければならない。もし、そのことを認めたくないなら、二つの言語の敬語システムは、外面的に類似していても全同ではなく、その微妙な違いが両民族の心性の大きな違いとして発現しているとキョウベン[b]せざるをえなくなるはずである。①そういうことが問題にならないのは、東洋の諸言語が外国語から無意識に除外されているからである。

日本語を客観的にとらえるために、四つの常識的な事柄を確認しておきたい。[A]、①世界の諸言語は多種多様であり、どの言語も固有の体系をそなえているから、部分的な類似や相違を取り上げて、日本語と特定の言語との特徴を対比したりすべきでないこと、[B]、②日本語対世界の諸言語という対比は意味をなさないこと、また、③英語が非日本語型言語の典型などではありえないこと、そして、④学校英語／受験英語が、生きた英語の姿ではないことである。

ヨーロッパ語／英米語などという用語をヘイゼン[c]と使用している日本語論があったら[C]につばをつけたほうがよい。言語に関する基礎的知識をそなえていれば、ヨーロッパの諸言語を一括して論じたりするはずはないし、南北アメリカ大陸やアメリカ合衆国で話されている諸言語を一括してアメリカの言語とよぶことは意味をなさず、欧米語／英米語などという概念が成り立つはずはないからである。『日本語と外国語』などという大胆すぎる書名にはケイカイ[d]が必要である。

言語の優劣を比較する基準があるとしたら、それは、どちらがより正確に、そして、より効率的に運用できるかである。その場合の正確さには、繊細なニュアンスを繊細なままに伝達できるかどうかも含まれる。前述の観点から査定*するなら、どの言語の運用効率も同じであって、優劣の差はない。それぞれの言語は、伝達の媒体として十全に機能しているから、その社会の人たちにとって使いにくい不完全な言語は存在しない。この場合の社会とは同一の言語共同体を意味している。②東京出身者以外にとって共通語が使いにくいのは当然である。

語句

査定…調べて合否・金額・等級などを決めること。

漢字(各2点)

a ハンエイ〔　　〕

b キョウベン〔　　〕

c ヘイゼン〔　　〕

d ケイカイ〔　　〕

e テキオウ〔　　〕

時間 20分　得点

〔　月　日〕

解答▶別冊4ページ

定義しだいで未開社会がありうるとしても、未開言語は地球上のどこにも存在しない。平安時代の日本語は平安時代の社会にテキオウしていたし、現代日本語は現代の日本社会にテキオウしている。③日本語は、長い歴史をつうじて進歩も退歩もしていない。

□(1) 傍線部①とは、どういうことか。それを説明した文として適切なものを次から選びなさい。(8点)

ア 日本語の敬語システムは、コレア語のそれとよく似ているが、民族性には大きな違いがあるので、言語としての比較の対象にならないということ。

イ 日本語の敬語システムが独自のものであると説明できるのは、その比較の対象が主に西洋の諸言語であり、その上での結論なので根拠がないということ。

ウ 日本語の敬語システムは、コレア語のそれとよく似ているが、微妙な、しかし大きな違いがあり、比較の対象としてふさわしくないということ。

エ 東洋の言語である日本語を研究する場合、西洋の言語と比較するのが有効であり、コレア語と比較しても意味がないということ。

□(2) 空欄A・Bに入る言葉を次からそれぞれ選びなさい。(各5点)

ア まして　イ たとえば　ウ すなわち　エ しかし

□(3) 空欄Cに入る語を漢字一字で書きなさい。(6点)

□(4) 傍線部②とあるが、なぜか。文中の「言語共同体」という語句を必ず使ってその理由を説明しなさい。(8点)

□(5) 傍線部③とは、どういうことか。文中の「運用効率」という語句を必ず使って説明しなさい。(8点)

解答欄

(1)	(2)	(3)	(4)	(5)
	A B			

6 評論 通訳者は現代の巫女(みこ)か —— 水野真木子

「人類にとって最古の職業とは通訳である」と言われることがある。通訳にも色々あるが、おそらく最古の通訳とは、神の言葉を人間に伝える役割をもっていた「オラクル(巫女(みこ))」のような存在のことを言ったのであろう。神のことばは具体的な形を持たないものであるから、巫女がそれを感じ取って伝えるということになるのだが、①現在の通訳者にとっても、この「感じ取って伝える」という要素は非常に重要である。

通訳は「[a]縦のものを横にする」だけだから、二言語の文法に[b]セイツウしていて、良い辞書があれば簡単にできる仕事だと思っている人も多いようだ。だが、それは大きな間違いである。人間のコミュニケーションは、表面に表れる言葉だけで成り立っているのではないからだ。

日本語は主語や目的語が省略されることが多いし、物事をはっきり言わずに聞き手の解釈に任せる、いわゆる「ハイ・コンテキスト」の言語なので意味の伝え方が[c]曖昧だとよく言われるが、通訳者の立場から言えば、前後の文脈からたいていの状況は把握できる。

私がまだ非常に若い頃、国際会議のレセプション*で通訳していた時のことである。会議に出ていたアメリカ人代表者の奥さんが、「私は今年で六〇歳ですよ。」と言ったのに対して、日本側の女性の一人がこう言った。「お若いですね。」通訳をしていた私はそのまま“You are young.”と訳した。すると、そのご婦人が、なんとなくムッとして、その後テンションが下がってしまった。しばらくして気づいたのだが、私は“You look young.”と訳すべきだったのだ。“You are young.”だと、「あなたは(見かけよりも実際は)若いのですね」と受け止めることも可能である。それに対して、“You look young.”であれば、「あなたは(実際よりも)若く見えますね」という意味になる。②同じ日本語なのに、訳し方によってまったく逆の効果を生むことになる。その時の日本人女性はもちろん相手をほめるつもりで言ったのだから、私は後者の意味を受け取るべきであった。私が通訳者として非常に[d]ミジュクだった頃の話である。

③通訳者はまた、異文化コミュニケーターでもある。互いに異なる文化的背景を持つ両者の間で、言葉だけでなく文化の[A]の役割も果たすことが期待される。

〔 月 日〕

時間 20分

得点

解答▶別冊5ページ

漢字(各2点)

a 縦 〔 〕

b セイツウ 〔 〕

c 曖昧 〔 〕

d ミジュク 〔 〕

e トツジョ 〔 〕

語句

レセプション…歓迎会。

法廷通訳をめぐって、こんなことがあった。被告人は妻を殺害したとされる韓国人だったが、公判での証言の中に、「お兄さん」「お姉さん」という言葉が何度も出てきた。韓国では知人で年上の人を「お兄さん」や「お姉さん」と呼ぶので、その時も、血縁関係のない、単なる事件の関係者のことを指していた。ところが、通訳人はその発言を、すべて証言者の実の兄や姉として訳した。そのおかげで、もともと存在していなかった人たちがトツジョ[e]、ストーリーの中に出現し、法廷関係者たちは、非常に混乱させられた。言葉の裏にある真の意味を汲み取らなければ通訳はできない。

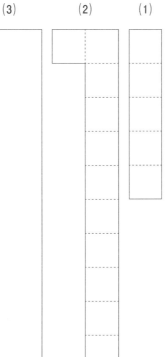

□(1) 次の文章は文中のどこに入るか。入る直前の文の最後の五字を抜き出しなさい。（句読点を含む）（6点）

だが、やはり英語などに比べると、聞き手の判断に委ねる部分が多いのも真実である。日本語の受け止め方を間違うと、当然通訳ミスになる。

□(2) 傍線部①とあるが、現代の通訳者は何を「感じ取って伝える」べきなのか。文中より十一字で抜き出しなさい。（8点）

□(3) 傍線部②とあるが、この国際会議での通訳の例における「逆の効果」とはどういうことを指すか。わかりやすく説明しなさい。（10点）

□(4) 空欄Aに入る語句を次から選びなさい。（6点）

ア 鏡　**イ** 象徴　**ウ** 先達　**エ** 懸け橋

□(5) 傍線部③とあるが、このような側面から、韓国人の法廷通訳において、通訳者はどのようにすべきだったか。「文化」という言葉を使って、具体的に説明しなさい。（10点）

解答欄

(1)

(2)

(3)

(4)

(5)

7 小説 こうばしい日々 ―― 江國香織

僕たち家族は、パパのテンキン[a]のためにアメリカで暮らしている。九年前、僕が二歳のときからだ。お姉ちゃんはそのとき高校受験をひかえてたので、一人だけ日本にのこった。高校に合格し、三年間伯母さんの家から学校に通ったお姉ちゃんは、五年前、僕たちより四年おくれてアメリカにやってきたのだ。僕はそのとき六歳だったけど、①ひどく変な感じだった。日本でのことはまったく覚えていなかったから、お姉ちゃんはまるっきりはじめてみる人に思えたし(そりゃあ、リビングにもパパとママのシンシツ[b]にもお姉ちゃんの写真がカザ[c]ってあったけど、そんなの僕にとってはなんの役にもたっていなかった)、家の中での会話はすべて英語、とパパが決めたので、僕は日本語が話せないし、その頃(ころ)お姉ちゃんは英語がほとんど話せなかった。だから、きょうだいげんかさえできなかったっけ。(中略)

ドアが二回ノックされた。

「入るよ」デイビッドだった。

「やぁ、ダイ」「やぁ」「マユコは下に、コーヒーをいれに行ってるんだ」「へぇ」「ちょっと、すわってもいいかな」デイビットはベッドの上に腰をおろした。ベッドがきしむ。デイビッドは巨大なんだ。誰がみてもフットボールの選手だってわかる。

「マユコと、けんかしてるんだって?」「うん」②そらきた、と僕は思った。

「だめだよ、デイビッド。いくらデイビッドにたのまれたって、お姉ちゃんが先に口をきかないかぎり、僕は口をきかない」デイビッドは、口を半分だけまげて笑った。

「みそしる、のんだことがあるだろ」

「もちろん」僕はこたえた。ママはよく[A]をつくる。そうして僕は、[A]が好きだ。さしみも、みそしるも、なっとうだって好きだ。のりだけはだめだけどね。あんな、黒くてカミ[d]みたいなもの、よく食べられると思うよ(もっとも、つくだににしてあれば別だ。あれは甘くておいしい)。

「でもマユコは、あれはほんとうのみそしるなんかじゃないって言うよ」

〔　月　日〕

時間 20分　得点

解答▸別冊6ページ

漢字(各2点)

a テンキン〔　　〕
b シンシツ〔　　〕
c カザって〔　　〕
d カミ〔　　〕
e フユカイ〔　　〕

語句

ペペロニ…ピーマン。
ナンセンス…無意味なこと。ばかげた行動。しばしば相手の考えや言葉を否定するときに使われる。

デイビットが言った。

「日本じゃ、みそしるにコーンやペペロニ*は入れないって。③ママは日本人なのにみそしるを忘れてしまったって」

僕はすごくeフユカイになった。僕はママのみそしるが好きだったし、僕にとってはあれがみそしるだったから。

「東京の伯母さんはみそしるが上手だったって」

「へえ」

「④*ナンセンスだよね」デイビッドが言い、僕はこたえなかった。

「ナンセンスだけど、でも、つまりさ、マユコは二つの文化の間にいるわけだ。きみはアメリカ人だけど、マユコはちがうからね」

□(1) 傍線部①とあるが、どのようなことが「僕」にとって「変」だったのか。二点挙げなさい。（各8点）

□(2) 傍線部②とあるが、「僕」は何が「きた」と思ったのか。三十字以内で説明しなさい。（句読点を含む）（8点）

□(3) 空欄Aに入る語句を漢字三字で書きなさい。（5点）

□(4) 傍線部③とあるが、「ママ」が「忘れ」た「みそしる」とは、どのようなみそしるか。文中の語を使って説明しなさい。（5点）

□(5) 傍線部④とあるが、誰のどのようなことが「ナンセンス」なのか。適切なものを次から選びなさい。（6点）

ア ここはアメリカなのに、姉が日本流のみそしるにこだわっていること。

イ 僕がコーンなどが入ったみそしるを本当のみそしるだと思っていること。

ウ 僕と姉がみそしるに入れる具のことで、けんかしていること。

エ 姉が日本とアメリカの文化の両方で生きていることを僕が理解しないこと。

解答欄

(1)

(2)

(3)

(4)

(5)

8 対話 翻訳者の姿勢——村上春樹・柴田元幸

時間 20分　得点

月　日

解答・別冊7ページ

質問者D　作品の持つ雰囲気をとらえるために、作家の背景ですとかを調べることがありますか。

村上　それには①二つの考え方があると思います。一つは、テキスト＊がいちばん大事であるということ。テキストのみを読みこむことによって、その作家像とかいろんなものを自分の想像力のなかで再構築[a]していく。もう一つは実際的な調査を行なって、この作家はこういう人で、こういう人生を送って、というようなバックグラウンド＊を頭に入れて、それでその作品のトーン＊を考証＊的に割り出していく。両方の方法があるし、僕はべつにどっちでもいいと思うんですよ。どっちがより正しいとは言えないと思う。で、僕は両方やります。全然わけのわからない人の短篇をぽっと訳しちゃったりすることもあります。②それでも僕はとくに問題ないと思いますけどね。

柴田　賛成ですね。レイモンド・カーヴァー＊のフランス語の翻訳者のエピソード＊があって、その翻訳者は、カーヴァーという人はものすごくシニカル＊な作者だと考えて、訳すにあたってもシニカルで、アイロニカル＊で、すごくこう、辛辣[b]なところが出るように出るように訳したんですね。で、そのあと、カーヴァーがまだ生きていた頃で、その翻訳者はカーヴァーに会いました。会うと、とっても温かくていい人で、③皮肉のひの字もない。そこで全部その訳のトーンを変えたっていうんですね。それがほとんどビダン[c]のように、カーヴァーがいい人だったたっていうところがポイントであるビダンのように語られたりするんですけれども、まあ、いい人だったっていうのはそのとおりでしょうけど、④翻訳者の姿勢としては全くまちがっていると僕は思います。そのテキスト自体と、その作家の人柄とどっちが大事かといったらもう、テキストに決まっているわけですね。訳者の仕事というのは、そのテキストを一読者として読んだときの感覚をいかに別の言語に再生するかだから、その紙の上の文字がどう聞こえるかが全てであって、極端なことを言うと、作家の背景なんて関係ないと思ってもいいと思うんです。ただ、その背景を知っていると、二つ可能性があってどっちかを選ぶというときに選びやすいとか、そういうことはもちろんあるので、知ってソン[d]にならないことは多いんですけど、でも、とにかくその、作家が温かい人だから作品も温かく訳すというのはぜんぜん違うと思うんですね。

漢字（各2点）

a 構築〔　〕
b 辛辣〔　〕
c ビダン〔　〕
d ソン〔　〕
e ロテイ〔　〕

語句

テキスト…原文・本文。
バックグラウンド…背景・環境。
トーン…全体から感じる気分・調子。
考証…古い文書を調べ、事実を明らかにすること。
レイモンド・カーヴァー…アメリカの小説家・詩人。
エピソード…逸話。隠れた一

村上 それはテキストの読み込みが［A］ということでしょう。
柴田 ええ。その人の読み方が雑だということをロテイしているだけだと思います。
村上 僕もそう思います。だって、カーヴァーの作品を読めば、この人が本当は［B］だというのがわかるものね。

面がわかるような面白い話。
シニカル…皮肉な。冷笑的な。
アイロニカル…反語的な。逆説的な。

□ (1) 傍線部①の「二つ」を、それぞれ十字以内で解答欄に合うように答えなさい。（句読点を含まない）（各6点）

□ (2) 傍線部②の理由として適切なものを、次から選びなさい。（4点）
ア 翻訳者にとってテキスト（原文）が一番重要だから。
イ 二つの方法で翻訳しても支障はないから。
ウ テキストと原作者は違うことがあるから。
エ 原作者の人柄に影響を受けることがあるから。

□ (3) 傍線部③とは、どういう意味か。わかりやすく説明しなさい。（8点）

□ (4) 傍線部④とあるが、「まちがっている」と思うのは、なぜか。その理由を文中の語句を使って説明しなさい。（8点）

□ (5) 空欄Aに入る言葉を次から選びなさい。（4点）
ア 鋭い　**イ** 浅い　**ウ** 薄い　**エ** 厳しい　**オ** 深い

□ (6) 空欄Bに入る四字の語句を、文中より抜き出しなさい。（4点）

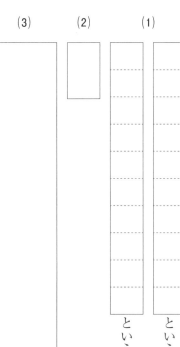

解答欄

(1) ［　　　　　　　　　　］という方法
［　　　　　　　　　　］という方法

(2)

(3)

(4)

(5)

(6)

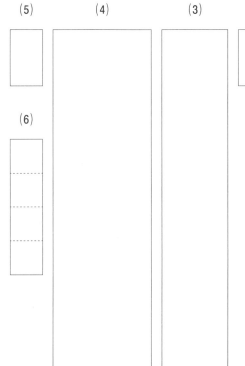

9 評論 日本語の復権―― 加賀野井秀一

私の友人に、みごとな日本語をあやつるフランス人がいる。彼女と話すとき、私たちの会話は、フランス語と日本語とのあいだをくるくるとかけめぐるのだが、この二ヵ国語の^a^コウサクのなかで、いつも私は不思議な感覚におそわれる。なんだか私たちは、①二人ながらに二重人格者となり、都合、四人の会話がなされているような気がしてくるのである。

たとえば、拒絶の姿勢を示すとき、彼女はほとんどフランス語を使い、「だめ、だめ（ノン・ノン）」「それは不可能よ（セ・タンポーシブル）」とやる。あるいはまた、頼みごとの場合には日本語で、「じつは、ちょっとお願いがあるんだけど」と持ちかけてくる。私の方は私の方で、はっきりした返答を求めるときには、「きみはどう考えているんだい（ケスク・チュ・パンス）」とフランス語でたずね、適当に言葉をにごしたいときには、「そうだね、まあ、考えとこう」と日本語でこたえることになる。

細かい詮索（せんさく）はさておくとして、おおよそのところ、論理的でストレートな表現はフランス語、情的であいまいな表現は日本語でおこなうところが共通していると言えようか。いずれにしても、双方が、それぞれの国語によって表現しやすい二つの人格を、いつのまにか、うまく使い分けているのは確かであるらしい。心なしか私には、彼女が日本語を使うときは「おとなしく」、フランス語を使うときは「手ごわく」見えてくるのである。

②こうした事実は、おそらく、③使用する言語のちがいによって、私たちの性格もまた大きく異なってくることを示している。一般によく言われるように、身ぶり手ぶりよろしく[b]母音をふんだんに[c]ヒビかせるイタリア語は、陽気なイタリア人をつくり、[d]ヨクセイのきいたキングズ・イングリッシュ*は、落ち着いたイギリス人をつくるといったことも、あながち、俗論*とばかりは言いきれまい。その点からすれば日本語は、[e]ヒカクテキ、おとなしく平板な国民を生み出しているように思われる。

さらに、ストレートな表現、あいまいな表現などが、そのままストレートな性格、あいまいな性格に通ずるものだとするならば、やはり日本語は、かなりあいまいな日本人を製造しているのではあるまいか。それを検証しようとするならば、たとえば、④わが同胞が女性をデートに誘うときのセリフでも考えてみるにしくはない。

〔　月　日〕

時間 20分

得点

解答▶別冊7ページ

漢字（各2点）

a コウサク〔　　〕

b 母音〔　　〕

c ヒビかせる〔　　〕

d ヨクセイ〔　　〕

e ヒカクテキ〔　　〕

語句

キングズ・イングリッシュ…イギリスの標準英語。

俗論…世俗のつまらない意見や議論。

あのう、よろしかったら、ちょっとそのへんで、お茶でも飲んでいきませんか。

まず彼は、きっぱりと呼びかけることをせず、「あのう」という形でぼんやりと相手の注意を[A]する。続いて「よろしかったら」と言いながら、自己主張を[B]する。さらに、「ちょっと」とつけ加えて[C]し、「そこ」と言わず「そのへん」、「お茶」と言わず「お茶でも」とぼかすのである。当然ながら女性の方も、「ええ、では」とか、「そうね、じゃあ、まあ」とか、あいまいな返事でそれにこたえるしかなく、わがイタリアの友人などからすれば、さぞかし歯がゆい話であるにちがいない。

□ (1) 傍線部①をくわしく言い換えた箇所を、四十五字で抜き出し、最初と最後の五字を書きなさい。（句読点を含む）（6点）

□ (2) 傍線部②とはどのような「事実」か。わかりやすく書きなさい。（8点）

□ (3) 傍線部③とあるが、日本語を使用することで形成される性格はどのようなものか。文中の語を使って説明しなさい。（8点）

□ (4) 傍線部④はここでは何を指すか。文中から抜き出しなさい。（3点）

□ (5) 空欄A～Cに入る語句を次からそれぞれ選びなさい。（各5点）

ア 明確に　**イ** 喚起　**ウ** あいまいに
エ 強調　**オ** 軽い物言いと　**カ** あっさりと

解答欄

(1) ～

(2)

(3)

(4)

(5) A B C

章末問題

小説 永日小品 ——夏目漱石

時間 20分　得点

〔　月　日〕

解答・別冊8ページ

大刀老人は亡妻の三回忌まではきっと一基の石碑を立ててやろうと決心した。けれども倅の痩腕を便りに、ようやく今日を過ごすより外には、一銭の貯蓄も出来かねて、また春になった。あれの命日も三月八日だがなと、訴えるような顔をして、倅に云うと、はあ、そうでしたっけと答えたぎりである。大刀老人は、とうとう先祖伝来の大切な一幅を売り払って、金の[a]クメンをしようと極めた。倅に、どうだろうと相談すると、①倅は恨めしいほど無雑作にそれがいいでしょうと賛成してくれた。倅は内務省の社寺局へ出て四十円の月給をもらっている。女房に二人の子供がある上に、大刀老人に孝養を尽すのだから［A］が折れる。老人がいなければ大切な懸物も、とうに[b]ユウズウの利くものに②変形したはずである。

この懸物は方一尺ほどの絹地で、③時代のために煤竹のような色をしている。暗い座敷へ懸けると、暗澹として何が画いてあるか分からない。老人はこれを*王若水の画いた葵だと称している。そうして、月に一二度くらいずつ袋戸棚から出して、桐の箱の塵を払って、中のものをていねいに取り出して、じかに三尺の壁へ懸けては、眺めている。なるほど眺めていると、煤けたうちに、古血のような大きな模様がある。[c]緑青の剥げた迹かと怪しまれる所も微かに残っている。老人はこの模糊たる唐画の古蹟に対って、生き過ぎたと思うくらいに住み古した世の中を忘れてしまう。ある時は懸物をじっと見詰めながら、煙草を吹かす。または御茶を飲む。でなければただ見詰めている。御爺さん、これ、なあにと子供が来て指を触けようとすると、はじめて月日に気が付いたように、老人は、触ってはいけないよと云いながら、静かに立って、懸物を巻きにかかる。すると、子供が御爺さん鉄砲玉はと聞く。うん鉄砲玉を買って来るから、悪戯をしてはいけないよと云いながら、そろそろと懸物を巻いて、桐の箱へ入れて、袋戸棚へしまって、そうしてそこいらを散歩しに出る。帰りには町内の飴屋へ寄って、薄荷入りの鉄砲玉を二袋買って来て、そら鉄砲玉と云って、子供にやる。倅が晩婚なので子供は六つと四つである。

倅と相談をした翌日、老人は桐の箱を風呂敷に包んで朝早くから出た。そうして四時頃になって、また桐の箱を持って帰って来た。子供が上り口まで出て、御爺さん鉄砲玉はと聞くと、老人は何にも云わずに、座敷へ来て、箱の中から懸物を出して、壁へ懸けて、ぼんやり眺め出した。四五軒の道具屋を持って回ったら、[d]落款がないとか、画が剥げているとか云って、老人の予期したほどの尊敬を、懸物に払うものがなかったのだそうである。

倅は道具屋は廃しになさいと云った。老人も道具屋はいかんと云った。二週間ほどしてから、老人はまた桐の箱を抱えて出た。そうして倅の課長さんの友達の所へ、紹介を得て見せに行った。その時も鉄砲玉を買って来なかった。倅が帰るや［B］や、あんな眼の明かない男にどうして譲れるものか、あすこにあるものは、みんな贋物だ、とさも倅の不徳義のように云った。④倅は苦笑していた。
二月の初旬に偶然旨い伝手が出来て、老人はこの幅をさる好事家に売った。老人はただちに谷中へ行って、亡妻のために立派な石碑を誂えた。

＊王若水…元代の画家。花鳥竹石の作は名品として知られている。

□ (1) 点線部a～eのカタカナは漢字で、漢字は読み方をひらがなで書きなさい。（各2点）

a	b	c
d	e	

□ (2) 傍線部①で老人が「恨めしい」と感じたのはなぜか。その理由をわかりやすく書きなさい。（8点）

□ (3) 空欄A・Bに入る漢字一字をそれぞれ書きなさい。（各4点）

A

B

□ (4) 傍線部②とあるが、何が何に「変形した」のか。次の空欄X・Yに入る適切な語句をそれぞれ選びなさい。（完答8点）

X が Y に変形した。

ア 石碑　イ 一幅　ウ 月給
エ 金銭　オ 食物

X

Y

□ (5) 傍線部③とは、どういうことか。わかりやすく説明しなさい。（8点）

□ (6) 傍線部④で「倅」はなぜ「苦笑し」たのか。その理由を説明しなさい。（8点）

10 随筆 用具から道具へ ——— 佐治晴夫

時間 20分 得点 （　月　日）

解答・別冊9ページ

　ふとしたことから、五線紙の上に音符を書いたり消したりしなければならないことになり、ほんとうに久しぶりで鉛筆を削ることになりました。何十年か振りに机の引き出しの奥からでてきた切り出しナイフは、①なんとなくよそ行きの顔をしていましたが、すぐに私の手になじんでくれて、その感触は、戦後まもなく、やっと手に入れたドイツの鉛筆、キャステルを削った時のことを思い出させてくれました。それから、半世紀あまり、今や国産の鉛筆や消しゴムは世界一の性能をaホコるまでになりましたが、現代の私たちの日常生活をささえている筆記用具の主流はボールペンです。実用性能から見れば、ボールペンやサインペンのメリットには計り知れないものがありますが、それでも万年筆のペン先や鉛筆がもつしなやかなbダンリョク感にはcミリョクを感じています。［Ａ］、何事もスピードと効率優先の現代においては、②あらゆるものが道具というより、用具になってしまっているようです。筆記用具といえば、書き味ということよりも、物理的に書くという機能を最優先して、行き着くところは、使い捨てというゴールです。

　［Ｂ］、今、私が使っている腕時計は四十数年前に購入した昔ながらのゼンマイ時計、そろそろ分解掃除の時期になったので、先日、今では数少なくなったゼンマイ時計の修理ができる職人さんをかかえている都内のデパートにオーバーホール*を依頼しに行ったときのことです。時計を預けてから、売り場の間をすり抜けながらエレベーターホールまで歩いて、何気なく時計売り場の方を振り返ると、そこには、さきほどの職人さんが、私の姿を追うように立ったまま見送っていました。それは、私の歩き方のくせを観察することによって、使用者にあわせた調整をするためだったと後で聞いてびっくり、［Ｃ］これが一流の職人魂というものかと感動しました。水晶の物理的振動を利用することによって、使い手のくせなどには影響されず、ひたすら正確な時を③無機的に刻み続ける現代のクオーツ時計とはdタイショウ的な風景でした。

　カメラであれ、自動車であれ、あるいは鉛筆であっても、それらの役目が、与えられた機能を果たすことだけにとどまらず、それを使うこと自体が、そのまま〝愛（め）でる〟ということにつながった時、用具は道具になるといってもいいでしょう。この忙しい時代にあって、〝愛でる〟という感覚だけで物品を使用していては、時

漢字（各2点）

a ホコる（　　）
b ダンリョク（　　）
c ミリョク（　　）
d タイショウ（　　）
e 磨耗（　　）

語句

オーバーホール…分解修理。
スローフード…地元の食材をゆっくりと時間をかけて食べようというイタリアで始まった運動のこと。
プロセス…進行・変化の途中の段階、過程。

代のテンポについていけないのは当然ですが、たまには、ファーストフードよりもスロー*フードのように、時を少しだけ止めて、味わってみることも必要かもしれません。

ペン先でも鉛筆でも、e磨耗するということは、熟成へのプ*ロセスであると同時に、終焉（しゅうえん）へ向かうプロセスでもあります。［D］、④この相反する性質が共存しているあらゆる瞬間が意味をもつのでしょう。人生でいえば、それぞれの年代には、その時にしかない意味とすばらしさがあるということです。

□(1) 傍線部①と筆者が感じた理由を簡潔に説明しなさい。（8点）

□(2) 傍線部②とあるが、「道具」と「用具」の違いを筆者はどのように考えているか。比較して説明しなさい。（8点）

□(3) 傍線部③とほぼ反対の意味で使われている言葉を、文中より三字で抜き出しなさい。（6点）

□(4) 傍線部④を説明した文章として、適切なものを次から選びなさい。（6点）

ア 若者には若者の、熟年者には熟年者の満ち足りた人生を送ることのできる可能性があるということ。

イ あらゆる事柄には相反する部分があり、その調和を試みるところに人間の創造力が発揮されるということ。

ウ 実用性能の点で劣っている道具にも、人間の創造力を刺激するという観点から見ればプラスの性質があるということ。

エ 常に性能やスピードを追求するよりも、時には余裕を持って全体を見渡してみることが大切であるということ。

□(5) 空欄A～Dに入る言葉を次からそれぞれ選びなさい。（各3点）

A　**ア** 結局　**イ** 考えてみれば　**ウ** ようするに　**エ** ところが

B　**ア** しかし　**イ** そこで　**ウ** ところで　**エ** やがて

C　**ア** しかと　**イ** こうして　**ウ** 何となく　**エ** なるほど

D　**ア** やがて　**イ** しかしながら　**ウ** だからこそ　**エ** 結局

解答欄

(1)

(2)

(3)

(4)

(5) A　B　C　D

第1章　第2章　第3章

11 評論 日本辺境論 ―― 内田 樹

時間 20分　得点　解答▸別冊10ページ　〔　月　日〕

人間には「どうしてよいかわからないときに、どうしてよいかわかる」能力がセンザイ的に備わっています。その能力は資源が潤沢で安全な環境では発達しない。「どうしていいかわからない」ときにでも、「どうすればいいか」を訊きに行く人がいたり、必要なものを買い足しに行けるなら、先駆的に知る必要はない。けれども、資源が乏しい環境や、失敗したときに「リセット」することが許されないタイト*な環境においては、「どうしていいかわからないときにも適切にふるまう」ことが生き延びるために必須のものになる。

「学び」という営みは、それを学ぶことの意味や実用性についてまだ知らない状態で、それにもかかわらず、これを学ぶことがいずれ生き延びる上で死活的に重要な役割を果たすことがあるだろうと先駆的に確信することから始まります。「学び」はそこからしか始まりません。私たちはこれから学ぶことの意味や有用性を、学び始める時点では言い表すことができない。それを言い表す語彙や価値観をまだ知らない。その「まだ知らない」ということがそれを学ばなければならない当の理由なのです。そういうふうな順逆の狂った仕方で「学び」はコウゾウ化されています。

「学ぶ力」というのは、あるいは「学ぶ意欲(インセンティヴ)」というのは、「これを勉強すると、こういう『いいこと』がある」という報酬の約束によってかたちづくられるものではありません。その点で、②私たちの国の教育行政官や教育論者のほとんどは深刻な勘違いを犯しています。子どもたちに、「学ぶと得られるいいこと」を、学びに先立って一覧的に開示することで学びへのインセンティヴが高まるだろうと彼らの多くは考えていますが、人間というのはそんな単純なものではありません。「学ぶ力」「学びを発動させる力」はそのような数値的・外形的なベネフィット*に反応するものではありません。

「学ぶ力」とは「先駆的に知る力」のことです。自分にとってそれが［A］的に重要であることをいかなる論拠によっても証明できないにもかかわらず確信できる力のことです。ですから、もし「いいこと」の一覧表を示されなければ学ぶ気が起こらない、報酬の確証が与えられなければ学ぶ気が起こらないという子どもがいたら、その子どもにおいてはこの「先駆的に知る力」は［B］しているということになります。私たちの時代

漢字（各2点）
a センザイ〔　〕
b 語彙〔　〕
c コウゾウ〔　〕
d レッカ〔　〕
e ツまれ〔　〕

語句
タイト…きっちりとした。時間的に余裕がないさま。
ベネフィット…利益。恩恵。
萌芽…物事が新たに起こること。

に至って、日本人の「学ぶ力」（それが「学力」ということの本義ですが）がレッカ[d]し続けているのは、「先駆的に知る力」を開発することの重要性を私たちが久しく［C］したからです。

今の子どもたちは「③値札の貼られているものだけを注視し、値札の貼られていないものは無視する」ように教えられています。その上で、自分の手持ちの「貨幣」で買えるもっとも「値の高いもの」を探しだすように命じられている。幼児期からそのような「賢い買い物」のための訓練を施された子どもたちの中では、「先駆的に知る力」はおそらく＊萌芽（ほうが）状態のうちにツ[e]まれてしまうでしょう。「値札がついていないものは商品ではない」と教えられてきた子どもたちが「今はその意味や有用性が表示されていないものの意味や有用性を先駆的に知る力」を［D］させられるはずがない。

□(1) 傍線部①とあるが、「学び」におけるそのような能力とはどのようなものか。文中の語句を使って、わかりやすく説明しなさい。（8点）

□(2) 傍線部②とあるが、ここでの「勘違い」とはどのような考えのことか。それを説明した文として適切なものを次から選びなさい。（6点）

ア 学ぶ力を養うために、常に安全な環境に身を置かせるべきだ。
イ 学ぶことの意義を先駆的に知る力を見つけさせねばならない。
ウ 学ぶ意欲を高めるために、学びの有用性を認識させるべきだ。
エ 学びの原点である「まだ知らない」ことを重要視するべきだ。

□(3) 空欄Aに入る語句を文中より漢字二字で抜き出しなさい。（6点）

□(4) 空欄B～Dに入る語句を次からそれぞれ選びなさい。（各4点）

ア 閑却　**イ** 増加　**ウ** 衰微　**エ** 発達　**オ** 干渉

□(5) 傍線部③とあるが、これはどのような態度をたとえたものか。わかりやすく説明しなさい。（8点）

解答欄

(1)

(2)

(3)

(4) B　C　D

(5)

12 小説 ナイフ ―― 重松 清

時間 20分 得点

〔 月 日〕

解答▶別冊10ページ

教師になってまだ三年目だという真司の担任教師は、「[A]」という言葉を「いたずら」と言い換えた。

「確かに少々行きすぎの①きらいはあるようですが、正直に言いまして、教師がaカイニュウしたせいでほんとうにいじめになってしまうケースも多いんです。子供たちには子供たちのルールがあるというか、多少の②理不尽なことがあったとしても、大人たちのbリクツやcセイロンだけでは通じない、そんな壁があるんですよ。でも、まあ、だいじょうぶですよ、彼は根が明るい生徒ですから。自分で試練を乗り越える力を持ってます」

③食い下がる気力も失せた妻は、黙ってうなずくだけだった。

担任教師は「それより」と語調を変えて、応接室を出ようとした妻を呼び止めた。

「ほんとうはもう少し様子を見るつもりだったんですが、せっかくの機会ですから、一応申し上げておきます」

表情も、今度はこちらの番だとでも言いたげなものに変わっていた。

「サッカー部の一年生の父母から学校に苦情が来てるんです。[B]にしごかれる、って。練習が厳しいだけじゃなくて、ときどき暴力もふるったりするらしいんです」

真司が……ですか？　尋ねる言葉は声にならなかったが、担任教師はうなずいて、唇の端をねじるような笑みを浮かべた。

「まあ、後輩は先輩に絶対服従ですからね。お母さんのお話をうかがって、④なんとなく事情もわかってきましたよ」

どういう意味ですか。言葉はまた、喉を塞（ふさ）ぐだけだった。

「でも、そんなのは現実dトウヒというか、なんの解決にもならないんです。ご家庭でも、そのあたりのご指導をよろしくお願いします」

⑤会釈（えしゃく）なしで部屋を出る、それがせめてもの意地だった、と妻は私に力なく笑いかけた。

妻は、張り詰めていたものが切れたように、eオオツブの涙を流した。二階の真司に聞かれないよう＊嗚咽（おえつ）を抑えつけ、喉を絞って、泣く。

漢字（各2点）

a カイニュウ〔　　〕

b リクツ〔　　〕

c セイロン〔　　〕

d トウヒ〔　　〕

e オオツブ〔　　〕

語句

嗚咽…むせび泣くこと。

「どうすればいいの？」

何度も訊いてきた。

私には、なにも答えられない。ただ黙ってウイスキーを飲みつづける。

□(1) 空欄A・Bに入る言葉を文中から抜き出しなさい。（各4点）

□(2) 傍線部①・②の意味を次からそれぞれ選びなさい。（各4点）

① きらい
ア 嫌われている。
イ あいまいである。
ウ 断定する。
エ よくない傾向。

② 理不尽
ア 暴力をふるわれること。
イ 道理に合わないこと。
ウ 理由があること。
エ けんかをすること。

□(3) 傍線部③とあるが、「妻」が「気力も失せた」のはなぜか。その理由を説明しなさい。（8点）

□(4) 傍線部④の「事情」とは、どのような事情か。簡潔にまとめなさい。（8点）

□(5) 傍線部⑤とあるが、「せめてもの意地」とは、どういうことか。わかりやすく説明しなさい。（8点）

解答欄

(1) A
B

(2) ①
②

(3)

(4)

(5)

13 随筆 若者の法則 ——— 香山リカ

時間 20分　得点

〔　月　日〕

解答▸別冊11ページ

いったい、だれが大人でだれが若者なのか。その区別はとてもむずかしい。先にあげた「思春期の病理*を抱える大人」には、親や周囲との関係の中で激しい自己［A］に陥っているという共通点がある。「私は親に好かれていなかった」「自分なんて生きていても仕方ない」と、彼らはつぶやく。一方、①大人顔負けのプロ意識を持った子ども」は、自分の才能やシメイ[a]をしっかり自覚している。「もうおばさんだ」という十代も、ある意味、「若くなければ自分には価値がない」と自覚しているのかもしれない。そう考えると、ケンゼン[b]な大人とは「今の自分は何をすべきか」を知っている人たち、ややゆがんだ大人とは「もう何もできない」と知ってしまっている人たち、そして大人とは言えない人たちとは「何ができるかわからない、［B］ほしい」と他人にイゾン[c]している人たち、と定義できるかもしれない。②もちろんその場合、年齢は関係ない。

［C］、子どもや若者はまだ自分に何ができるか、わからなくてあたりまえだ。何もすべての若者が、幼い頃から迷わずに自分の道を進む必要はない。「何ができるだろう」と試行錯誤したり、ときには「だれか教えて」とまわりの大人にすがったり、それは若者に与えられた特権であるはずだ。

［D］今は、その上の世代の大人たちが「自分で自分の人生を自由に決められる時代」の特典をフル活用しすぎて、いつまでも考えたり立ち止まったり、無分別に人生をやり直したりし続けている。それもまたその人の自由なのであるが、彼らが問題なのは、そうやって逡巡[d]*を続けてうまく行かなくなったときに、「親の愛情不足が原因だ」「指導してくれない先輩が悪いのだ」と他者の責任にしようとすることだ。自由な決定をするときには、それと引換えに自分で責任を取る必要があることを、今の大人（年齢的な意味での）は忘れてしまっている。

もちろん、だからといって、今の三十代から五十代の人たちに、「迷うな、早く人生を決定しろ」と強制することはできない。私自身その世代に属するひとりとして、仕事にしても人生にしてもいまだに迷っているし、ときには自分の不全感を他人の責任にしたくなることもある。現代という時代が、〝迷える子ども的大人〟を必然的に生んでいるとも考えられる。

漢字（各2点）

a シメイ〔　　〕
b ケンゼン〔　　〕
c イゾン〔　　〕
d 逡巡〔　　〕
e エイダン〔　　〕

語句

病理…病気の原因・経過。
逡巡…ためらうこと。

［E］、そうやって迷うのは自由だが、そのしわ寄せが若者に行くことはあってはならない。迷っている大人を待たずに、しっかり自己決定できる若者に重要なポストを与えるといった[e]エイダンを、企業や役所もどんどんすべきだと思う。そうすれば若者たちも、早々にあきらめることなく、もっと自由に自分の可能性を伸ばして行けるはずなのだ。

□(1) 次の文章は文中のどこに入るか。入る直前の文の最後の十字を抜き出しなさい。（句読点を含む）（6点）

「子どもっぽい大人」の大軍は、さらにその下の世代である今の若者、それに続く子どもから、試行錯誤や他者へのイゾンの自由を奪っている。彼らが「迷う自由がないならさっさと自分に見切りをつけて、やれることをやるしかない」と思ってしまうのも、ごく当然だ。

□(2) 空欄Aに入る言葉を漢字二字で書きなさい。（4点）

□(3) 傍線部①と同じ内容の表現を、文中より十五字以内で抜き出しなさい。（句読点を含まない）（6点）

□(4) 空欄Bに入る言葉を文中より六字で抜き出しなさい。（4点）

□(5) 傍線部②とあるが、なぜ「年齢は関係ない」のか。わかりやすく説明しなさい。（8点）

□(6) 空欄C～Eに入る言葉を次からそれぞれ選びなさい。（各4点）

C　**ア** ようするに　**イ** このように　**ウ** もちろん　**エ** だから

D　**ア** したがって　**イ** ところが　**ウ** たとえば　**エ** だいいち

E　**ア** そもそも　**イ** それゆえ　**ウ** ただ　**エ** しょせん

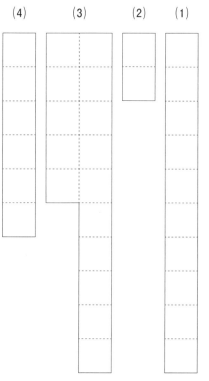

解答欄

(1)

(2)

(3)

(4)

(5)

(6) C　D　E

14 評論 思考の整理学 ―― 外山滋比古

人間には、グライダー（注）能力と飛行機能力とがある。受動的*に知識を得るのが前者、自分でものごとを発明、発見するのが後者である。両者はひとりの人間の中に同居している。グライダー能力をまったく欠いていては、基本的知識すら習得できない。①何も知らないで、独力で飛ぼうとすれば、どんな事故になるかわからない。

しかし、現実には、グライダー能力が圧倒的で、飛行機能力はまるでなし、という〝優秀な〟人間がたくさんいることもたしかで、しかも、②そういう人も〝翔べる〟という評価を受けているのである。

学校は［A］人間をつくるには適しているが、［B］人間を育てる努力はほんのすこししかしていない。学校教育が整備されてきたということは、ますます［C］人間をふやす結果になった。お互いに似たような［D］人間になると、［E］の欠点を忘れてしまう。知的、知的と言っていれば、翔んでいるようにサッカク（a）する。

われわれは、花を見て、枝葉を見ない。かりに枝葉は見ても、幹には目を向けない。まして根のことは考えようともしない。とかく花という結果のみに目をうばわれて、根幹*に思い及ばない。

聞くところによると、植物は地上に見えている部分と地下にかくれた根とは形もほぼ同形でシンメトリー*をなしているという。花が咲くのも地下の大きな組織があるからこそだ。

知識も人間という木の咲かせた花である。美しいからといって花だけを切ってきて、花瓶（b）にさしておいても、すぐ散ってしまう。花が自分のものになったのでないことはこれひとつ見てもわかる。

明治以来、日本の知識人はオウベイ（c）で咲いた花をせっせととり入れてきた。中には根まわしをして、根ごと移そうとした試みもないではなかったが、多くは花の咲いている枝を切ってもってきたにすぎない。これではこちらで同じ花を咲かせることは難しい。③翻訳文化が不毛であると言われなくてはならなかったわけである。

根のことを考えるべきだった。それを怠って（d）は自前の花を咲かすことは不可能である。もっとも、これまでは、切り花をもってきた方が便利だったのかもしれない。それなら、グライダー人間の方が重宝（e）である。命じられるままについて行きさえすれば知識人になれた。へたに自発力があるのは厄介*である。

指導者がいて、目標がはっきりしているところではグライダー能力が高く評価されるけれども、新しい文化

〔　月　日〕

時間 20分　得点

解答・別冊12ページ

漢字（各2点）

a サッカク〔　〕

b 花瓶〔　〕

c オウベイ〔　〕

d 怠って〔　〕

e 重宝〔　〕

語句

受動的…自分の意志ではなく、他からの働きかけによってする様子。

根幹…物事の大元となるもの。

シンメトリー…左右対称。

厄介…めんどうであること。

抑圧…無理に抑えつけること。

搭載…装備や機能を組み込むこと。

の創造には飛行機能力が不可欠である。それを学校教育はむしろ抑圧*してきた。急にそれをのばそうとすれば、さまざまな困難がともなう。

他方、現代は情報の社会である。グライダー人間をすっかりやめてしまうわけにも行かない。それなら、④グライダーにエンジンを搭載*するにはどうしたらいいのか。学校も社会もそれを考える必要がある。

（注）グライダー…航空機の一種だが、エンジンなどの動力は持たず、風に乗って滑空する。

□ (1) 傍線部①とは、どういうことか。文脈に沿って説明しなさい。（6点）

□ (2) 傍線部②とは、どういうことか。次から選び、記号で答えなさい。（8点）

ア 知識が多いだけで、ものごとを発明、発見できると判断されること。

イ 知識だけを生かして、的外れな行動をしても許容されること。

ウ 能動的に得た知識を指示どおり生かすことを期待されること。

エ 知識以外の欠如している部分は、周囲から支援されること。

□ (3) 空欄A～Eに入る言葉を、「飛行機」なら**ア**で、「グライダー」なら**イ**で、それぞれ答えなさい。（2点×5）

□ (4) 傍線部③とあるが、このように言えるのはなぜか。理由を説明しなさい。（10点）

□ (5) 傍線部④とあるが、どのようなことを述べているか。次から選び、記号で答えなさい。（6点）

ア 与えられた知識が正しいかどうかを吟味すること。

イ 得た知識を、自分自身で考えて活用していくこと。

ウ 知識を受け取るだけでなく、自分からも発信すること。

エ 知識を拒絶し、自身で新しい文化を創造していくこと。

解答欄

(1)

(2)

(3) A / B / C / D / E

(4)

(5)

15 評論 情報化社会の問題――小原信

現代人は、いま「情報の洪水」という名の①新しい焚書*に直面している。だが、はたして新しいものだけがいつもよくて、古いものはいつもだめだと言えるのであろうか。いまここで私が新しく書き直した文面には、ついさっきまで私が考えあぐねていたことが、またたくまにかき消されたため、aシサクのb痕跡はまったくなくなってしまっている。情報機器の発明は、手紙や恋文をなくし、手書きのお見舞い状をなくし、私自身のシサクまで、古いもの、役立たずなものと見なすことを強いているのであろうか。

子どもたちは、それぞれのいまを、大切にいとおしみつつ生きることの意味など知らされないまま、もっぱら、新しいゲームやソフトに追いかけられて生きている。そこでも、やはり大切な何かが失われたままなのだ。彼らには、いま何が本当に重要なのかがわからなくなっている。それはやりとりだけは繰り広げられるが、何ももつくり出さないマネーゲームのようなものである。半年前の商品には［A］もかけないパソコン店の店員のような生き方を、いずれ、だれもがしてしまうだろう社会を、正常な社会として放置しておいていいのであろうか。

一連の関連情報に［B］知しているはずの情報科学の担当者でも、二、三ヵ月単位で入れ替わる最cセンタンの機器のことはすぐにわからなくなるという。理科系学部の出身者でも、わからないと［C］を上げるセンタン機器の扱い方は、いまでは一握りの人間だけが専門家として［B］知しているのだという。機能がよくなるたびに使い捨てにするのは、ソフトや機器類だけではない。

みかけの明るさのなかにある、この②不気味な闇はいったいどう解釈すればいいのか。専門の医師さえ知らない最新の病気の症状もインターネットで手に入るし、あやしげな薬も核兵器までもがインターネットで手に入る時代になったのである。

迷惑メールやヴィールスのあつかいを今後どうするのかも、これからの共同の課題であろう。しかし、それと同時に、いまなお外国の放送が自由に受信できず、外からの情報がd遮断されている国がすぐ近くにもあることを忘れないでいたい。そうして、いまこの瞬間にも、われわれの貴重な文書が、時代遅れでもう要らないとみなされて、大量のごみとして、どしどし抹殺される新しい焚書の時代がいま進行していることを忘れてはな

〔　月　日〕

時間 20分　得点

解答▶別冊13ページ

漢字（各2点）

a シサク〔　　〕

b 痕跡〔　　〕

c センタン〔　　〕

d 遮断〔　　〕

e ホショウ〔　　〕

語句

焚書…書物を焼き捨てること。

らない。今後、われわれは、あまたの情報機器をどう使いこなしていけばいいのか。その知恵が共通の知恵として、われわれの社会に［D］づくには、まだだいぶ時間がかかりそうである。そのときが来るまで、この私が、はたして無事に生きていられるというホショウ[e]はない。とすれば、私はやはり、自分のメモやノートのたぐいは、ある程度は手書きのまま残しておくのがいいのではないか。ファイルなども、すべて抹殺して自己の責任を［E］消しにしたがる文化は、③自分史の痕跡すら抹殺する文化であることを忘れないでいたいものである。

□(1) 傍線部①と表現したのはなぜか。その理由として適切なものを次から選びなさい。(6点)

ア 情報の洪「水」に対比する意味で「焚」書という文字を使ったから。
イ 情報が過剰なまでにあふれ、何も記録する価値がなくなったから。
ウ それまでの記録を痕跡なく消してしまう時代になったから。
エ 古い書物に書かれている内容は、新しい時代の情報に及ばないから。
オ 秦の始皇帝の故事を思い起こさせる書物否定の時代風潮となっているから。

□(2) 空欄A〜Eに入る語をそれぞれ漢字一字で書きなさい。(各4点)

□(3) 傍線部②とは、どのようなことか。わかりやすく説明しなさい。(8点)

□(4) 傍線部③は、どのような文化か。適切なものを次から選びなさい。(6点)

ア なにもかも画一化され規格化された生き方を容認する文化。
イ 個人に係わる固有なものや独自の生き方を重んじない文化。
ウ 人それぞれの独自の歴史観に価値を認めようとしない文化。
エ 手書きの良さを見失わせ、なにもかもファイル化する文化。
オ 自分のメモやノートに残された文字の癖を尊重しない文化。

解答欄

(1)

(2) A　B　C　D　E

(3)

(4)

16 評論 からだ・いのちはだれのものか

鷲田清一

からだはだれのものか。いのちはだれのものか。

安楽死の問題をめぐって、臓器移植をめぐって、人工中絶や出産前[a]シンダンの[b]ゼヒをめぐって、このことがいつも問題になる。そのとき、その問いはいつも個人の自由の問題とからめて論じられる。個人が自由であるとは、個人がその存在、その行動のあり方をみずからの意志で決定できる状態にあるということである。わたしの身体もわたしの生命もほかならぬこのわたしのものであって、この身体を本人の同意なしに他から傷つけられたり、その活動を強制されたりすることがあってはならないというのは、「［A］的人権」という理念の[c]カクにある考え方であると言ってよい。自殺の正当化にあたっても、献体の登録や臓器の提供にあたっても、その背景にあるのは①同じ論理である。生きて死ぬのはほかならぬこのじぶんであるから死に方は当人が決めることができる、じぶんの身体はじぶんのものだからそれをどう処分しようと（美容整形しようと、身をひさごうと、体内の臓器を他人に[d]ジョウトしようと）他人にとやかく言われるすじあいはない……というわけである。

が、他方で、その同じ身体、同じ生命がけっしてじぶんだけのものでないことを、わたしたちは日々痛いほど感じている。ひとはじぶんの生命をじぶんで創りだしたわけではないし、じぶんの生命をじぶんで閉じることもできない。だれもじぶんでへその緒を切ることはできないし、じぶんで棺桶のなかに入ることもできないとは、しばしば言われることだ。だれしも他人の[e]庇護のもとで育つ。他人にあれやこれやと世話されながら老いる。②身体や生命を、さらに広く「身」とか「身柄」というふうにとれば、家族生活をいとなむひと、いろいろな団体の運営責任を負う公的な立場にいるひとにとっては、じぶんの身体をじぶんだけのものだと感じることのほうがむしろ稀だろう。

③このずれはいったいなにを意味しているのか。ここで問題になるのは、冒頭に掲げたような、④身体はだれのものか、生命はだれのものかという問いである。当人のものか、あるいは当人だけのものではないのか。（中略）

ひとの身体と生命は、食や性、育児や介護の場面ひとつとってもわかるように、いつも他の身体とのまじわりやりとりのなかにあるのであって、特定の身体の座をもつ生命の行く末は、その生命を生きる者、その生

〔　月　日〕

時間 20分

得点

解答▸別冊13ページ

漢字（各2点）

a シンダン〔　　〕

b ゼヒ〔　　〕

c カク〔　　〕

d ジョウト〔　　〕

e 庇護〔　　〕

命に与(あず)かるひとびとのものでもあるのだ。個人のその身体が死体となったとき、その生命をともに生きた者がその生命を亡きものとして認める、そういう行為をもってやっとひとつの生命は終わるのだ。

□(1) 空欄Aに入る言葉を漢字二字で書きなさい。（3点）

□(2) 傍線部①の内容を簡潔にまとめなさい。（8点）

□(3) 次の例文のうち、傍線部②という場合の「身」の用法と合致するものには○を、合致しないものには×を記しなさい。（各3点）

あ 今日は曇り空で、身を切るような冷たい風が吹いている。

い そのようなおほめを頂くとは、身に余る光栄です。

う その実力でチャンピオンに勝とうとは、身のほど知らずだ。

え その俳優は華麗な衣装を身にまとって姿を現した。

お 少年たちは、軽やかな身のこなしでボール遊びに興じている。

□(4) 傍線部③の内容を説明した文として適切なものを、次から選びなさい。（6点）

ア 自分の身体、生命は、自分のものであるにもかかわらず、自分の意志で臓器提供することで他人のものになること。

イ 自分の身体、生命は、自分の所有するものであるはずなのに、日々の生活の中で他人との関係から離れては存在し得ないこと。

ウ 自分の身体、生命は自分で創り出したわけではないのに、自分の意志で自由に処分の仕方を決めることができること。

エ 自分の身体、生命は、自分の意志で自由に処分できるはずなのに、自分の思った通りのやり方で命を絶つのが不可能なこと。

□(5) 傍線部④の「問い」に対して筆者はどう考えているか。五十字以内でまとめなさい。（8点）

解答欄

(1)

(2)

(3) あ い う え お

(4)

(5)

17 評論 「科学」からこぼれ落ちる「生物多様性」 酒井章子

いろいろなものが食べたい、という欲求に加えて、食べたことのないものを食べてみたい、という欲求もある。珍しいもの、というのはそれだけでおいしそうな感じがするし、旅行にいってほかでは食べられないその土地の名物があると聞けば、食べずに帰るのはとても惜しいことのように感じる。

人間が多様性を求めるのは、食べ物ばかりではない。服やソウシング[a]は、同じものばかり身につけていたのでは気が済まないし、人と違ったものを持つことは、しばしば称賛の対象となる。多様性に惹(ひ)きつけられるのは、人間の本能的な性質の一つなのではないだろうか。

[A]、そのような人の多様性への嗜好(しこう)は、生き物にも向けられてきたことは疑いない。未知の生物を求めて熱帯林に分け入った探検家や、新しい種にコウフン[b]する分類学者の例を引くまでもなく、生き物の多様性へのあこがれのような気持ちはごく普通の人々の中にもずっとあったものだろう。

[B]、生物多様性を「なぜ」守らなくてはいけないのか、といったときに、このような、いろいろな生物がいる、ということの楽しみや喜びがゲンキュウ[c]されることはあまりない。生物多様性がなくなれば、水や空気をきれいにする生態系の機能が下がったり、病気や害虫の大発生がおこりやすくなる、とか、イデンシ[d]を使って役に立つ薬や作物の開発ができなくなる、とか、人間の生存の危険やわかりやすい経済的利益によって説明される。

しかしわたしは、①このことに何か居心地の悪さを感じてしまう。そう、本当はおいしいものや珍しいもの、毎日変化にとんだものを食べたいがために、料理法を工夫し、いろいろな食材を買っているのに、それをカロリーや栄養素だけで説明している、②そんなちぐはぐ感があるのだ。

③生物多様性が失われているといったときに、象徴として取り上げられるのは、日本ではトキ、ボルネオの熱帯雨林ではオランウータンといったところだろうが、そこにも違和感がある。トキもオランウータンも、生態系の中である役割を果たしていることは間違いないが、トキやオランウータンがほとんどいなくなってしまった今も、それらと共に絶滅してしまった生物はあるかもしれないが(トキにつくトキウモウダニは、

〔　月　日〕

時間 20分 得点

解答▶別冊14ページ

漢字（各2点）

a ソウシング〔　〕
b コウフン〔　〕
c ゲンキュウ〔　〕
d イデンシ〔　〕
e ガイトウ〔　〕

トキがいなくなると生きていけないらしい。また植物の中にはオランウータンのような大型動物でないと散布できないような種子を作るものがあり、散布者が絶滅すると絶滅してしまうと考えられている）、生態系が崩壊しているということはない。前に述べた生物多様性を守らなければならない理由とは、ぴったりとは^eガイトウしない気がする。

□(1) 空欄A・Bに入る語句を次からそれぞれ選びなさい。（各3点）

ア 例えば　**イ** さて　**ウ** 一方で　**エ** なぜなら

□(2) 傍線部①とあるが、筆者がそのように感じるのはなぜか。その理由を説明した次の空欄X〜Zに入るように、指定された字数で文中より抜き出しなさい。（各3点）

多様性への（X・二字）という人間の（Y・六字）を無視し、生物多様性を守る理由を（Z・六字）例によって説明してしまっているから。

□(3) 傍線部②とあるが、生物多様性を守るたてまえ上の理由（Ⅰ）と、筆者が考える理由（Ⅱ）とに隔たりがあることがわかる。Ⅰ・Ⅱそれぞれをわかりやすく説明しなさい。（完答13点）

□(4) 傍線部③とあるが、筆者がそのように感じる理由として適切なものには○を、適切でないものには×を記しなさい。（各3点）

あ 象徴とされる生物と一緒に絶滅した生物を考慮すべきだから。
い トキなどが絶滅寸前でも、生態系が崩壊しているわけではないから。
う 象徴とされる生物の生態系での役割は認めるが、特別視する理由がないから。
え 大型動物が生態系を守っているという事実を認識していないから。

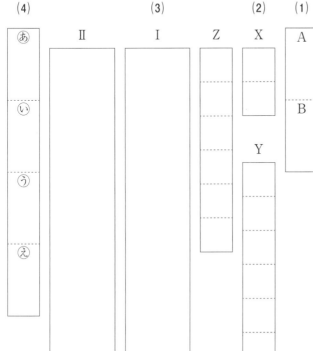

解答欄

(1) A　B

(2) X　Y　Z

(3) Ⅰ　Ⅱ

(4) あ　い　う　え

18 随筆 修業論 ―― 内田樹

時間 20分　得点　〔　月　日〕

解答▶別冊15ページ

武術の稽古を通じて私たちが開発しようとしているaセンザイ能力がどういうものであるかは、戦国時代でも、江戸時代でも、大筋では変わらないだろうと私は思っている。それはさしあたりは、①実践*的な意味での生き延びる力である。

戦場では戦闘能力として示される能力が、平時では例えば統治能力として顕現*する。ということは、戦闘能力と統治能力を共約する人間的能力が存在するということである。それは何か。

この問いはそのまま、「武道修業を通じて私たちはどのような力を身につけようとしているのか?」という問いに通じている。

この問いに対しての私の答えは経験的には自明である。

生き延びるためにもっとも重要な能力は、「集団をひとつにまとめる力」である。

臂力*（ひりょく）にまさる個人があたりを威圧し、衆人を恐怖させ、bクップクさせても、集団を形成することは可能である。だが、それは一定の規模を超えることができない。恐怖や暴力によって、あるいは利益誘導によって統合された集団は、別種の恐怖や暴力や利益誘導によって簡単にc瓦解*する。

そのような②脆（もろ）い集団は、百人、千人の兵士を文字通り「手足のように」動かすことのできる人が率いる集団、多数の人があたかもただひとつの巨大な身体を構成しているかのような集団には、決して拮抗（きっこう）することができない。

個人的な身体能力をどこまで高めても、どれほど筋骨を強くし、運動を迅速にしても、あるいはあらゆる反命を許容しないほどにdムジヒになっても、「多数の人間たちがそれぞれの主体的意思に基づいてふるまいながら、それがあたかも一個の身体の各部のように統一された動きをする集団」に敵し得る集団を作ることはできない。

複数の人間たちが完全な同化を達成した集団とはどのようなものであり、それはどのようにして構築されるのか。私は真に武道的な技術的課題は、そのように定式化できるだろうと思っている。

それは端的*に言えば、「他者と共生する技術」、「他者と同化する技術」である。私は合気道とは、その技術

漢字（各2点）

a センザイ〔　　〕

b クップク〔　　〕

c 瓦解〔　　〕

d ムジヒ〔　　〕

e 錬磨〔　　〕

語句

実践…主義や理論をもとに、実際に行動すること。

顕現…はっきりとした形で現れ出ること。

臂力…腕力。

瓦解…一部が崩れたことによって全体が壊れること。

端的…要点のみを捉えているさま。

和合…親しみ合うこと。

を専一的に錬磨するための訓練の体系ではないかと考えている。
合気道は「愛と和合の武道」と言われる。

初心の合気道家は、この「愛と和合」を、漠然とした［A］・［B］な目標のようなものだと思っているかも知れない。

だが、これは③きわめて精緻に構成された技術の体系である。

□(1) 傍線部①の力を有する者が率いる集団を表すものとして適切でないものを次から選び、記号で答えなさい。（10点）

ア 複数の人間たちが完全な同化を達成した集団。
イ 恐怖や暴力によって、あるいは利益誘導によって統合された集団。
ウ 多数の人があたかもひとつの巨大な身体を構成しているかのような集団。
エ 百人、千人の兵士を文字通り「手足のように」動かすことのできる人が率いる集団。

□(2) 傍線部②とあるが、この集団が脆いのはなぜか。「主体的意思」「同化」という言葉を用いて説明しなさい。（10点）

□(3) 空欄A・Bに入る言葉の組み合わせを次から選び、記号で答えなさい。（10点）

ア A 組織的　B 人為的
イ A 初歩的　B 現実的
ウ A 精神的　B 道徳的
エ A 普遍的　B 理想的

□(4) 傍線部③とあるが、どのような技術の体系のことか。わかりやすく説明しなさい。（10点）

解答欄

(1)

(2)

(3)

(4)

評論術語集Ⅱ ―― 中村雄二郎

時間 20分　得点

〔　月　日〕

解答・別冊16ページ

　情報ネットワーク社会が本格化したとき、人間はどのようになり、人間同士の間にどのような問題が生じるであろうか。システム化された情報処理技術が高度に発達した段階の情報ネットワーク社会に特徴的なことは、情報的に個々人が他者や世界に対してかつてなく開かれることである。個々人一人ひとりにとっての選択の自由がきわめて大きくなることである。

　だが、可能性としてはそうであっても、実際に①みんながその可能性を享受できるとはかぎらない。それどころか、あらゆるシステムは一種の制度として惰性化し、人間あるいは個人をaコウソクしてくるおそれがある。したがってここで必要なことは、b氾濫する情報に流されず、惑わされないような自己、自己決定できるような自己を確立することであろう。

　しかも、このような自己は、情報のシステムあるいはネットワークを離れてあるのではない。むしろその結節点として、地球という生態系のうちに育まれ、そのベースの上に成り立っている。ここに、情報ネットワークのなかにあって抽象的な存在になりがちな一人ひとりの人間の、大自然への着地がある。だからこそ、情報ネットワーク社会では、エコロジーがいっそう必要になるのである。

　情報ネットワークは、その使われ方一つで、個々人の可能性を開くのではなく、かえって［　A　］を押しつけかねない。電子情報システムが巨大な〈権力〉と化したり、新たな格差が形成されたりするおそれもある。そのために、個々人が顔のないシステムのなかに埋没してしまうということにもなる。デマゴーグや独裁者がそれを利用するおそれもある。いや、なにも彼らが押しつけなくとも、横並びに同じ意見や感情をcソウゴに強制することもありうる。

　だから裏側からいえば、②高度の情報社会では、個々人の立場は十分に尊重されなければならないし、個々人自身にしても、他人や周囲の者たちと、断じて安易に同化しないようにする必要がある。③情報ネットワーク社会のなかでの新しい市民たる〈ネチズン〉（M・ハウベンの命名）たちの手になる民主主義、〈電子民主主義〉の確立が要請されてきている所以（ゆえん）である。

　社会の電子的な情報ネットワーク化は、市民生活の基本的な諸原理をdテンケンすることを通して、e鈍磨した道徳感覚を問い直す絶好の機会なので、それを新しいコモンセンス形成の機会にしない法はないと思うのだ。その方向において情報ネットワーク社会でのエチケット〈ネチケット〉がV・シャー（『ネチケット』一九九四年）によって提唱されている。それは、とりわけオンラインでの守るべき基本的諸ルール（サイバースペースの自覚、見えない相手への敬意、怒りの自制）とともに、これまでの市民社会での基本的諸ルール（プライバシーの尊重、権力濫用の自粛、寛容の精神など）の確認から成っている。そのことは情報ネットワーク社会そのものの置かれている位置をよく示している。

□(1) 点線部a～eのカタカナは漢字で、漢字は読み方をひらがなで書きなさい。（各2点）

a	b	c
d	e	

□(2) 二重傍線部について、ここでの意味を次から選び、記号で答えなさい。（4点）

ア 共通点　**イ** 植民地　**ウ** 常識　**エ** 世論

□(3) 傍線部①とあるが、どういうことか。わかりやすく説明しなさい。（10点）

□(4) 空欄Aに入る言葉を次から選び、記号で答えなさい。（8点）

ア 自助努力による早期的な問題の解決
イ 誤った情報による意図的なミスリード
ウ 自己主張によって生じる仲間同士の軋轢（あつれき）
エ 統一された或（あ）る意思決定や共通の感情

□(5) 傍線部②とあるが、情報社会でこのようなことが求められるのはなぜか。次から選び、記号で答えなさい。（8点）

ア 相互の意思伝達をおこなうネットワーク上では、直接対面しない相手への思いやりや敬意などが忘れられがちだから。
イ 個々人の自由な意見や感情が、情報ネットワークの中で集約された意見や感情によって制限されるおそれがあるから。
ウ ネットワークと現実との境目があいまいになり、個々人のネットワーク上の人格と現実の人格とが乖離（かいり）しやすくなるから。
エ ネットワークの情報に対する依存度が高くなると、人は自身の意見を周囲に合わせて安易に変化させるようになるから。

□(6) 傍線部③とあるが、ネチズンに求められる態度とはどのようなことか。最終段落の内容をふまえて簡潔に説明しなさい。（10点）

19 随筆 こころの作法 —— 山折哲雄

〔　月　日〕

時間 20分　得点

解答▶別冊17ページ

二十年近く前のことだが、ある母親が子どもに子守唄をうたってきかせたところむずかりだした。フトンにもぐりこんで拒否反応を示したということが、ある新聞で話題になった。同じような嘆きの声が投書の形でたくさん寄せられたのである。しばらくして写真家で作家の藤原新也さんが、その新聞に仮説を発表された。朝から夜まで民放テレビが流しているコマーシャル・サウンドに原因があるのではないかと。そこには短調*のメロディーが一つもみつからなかったからである。[A]

短調を忘れた時代がいつのまにか忍び寄っていたのだ。その翌年だったと思う。横浜で中学生たちが浮浪者(a)を襲って殺す事件が発生した。つづいて、最近時効*を迎えたばかりの、江崎グリコ事件がおこっている。当時の私はこれらの事件と、①子守唄をきいて拒否反応を示す子どもたちとのあいだに何らかの関係があるなどとは思ってもみなかった。だがよくよく考えてみれば、悲哀(b)の旋律*を忘れた社会というのは、ひょっとすると他人のこころの痛みや悲しみに鈍感になっている社会なのではないか。[B]

(注)さきに私は、幼児用・低学年用の音楽教材から子守唄が姿を消してしまったといったけれども、正確にいうとかならずしもそうではない。なぜならそのなかにシューベルトやブラームスの子守唄はちゃんと収められているからである。それはすでに明治時代の尋常(c)小学唱歌集などに登場していた。また歌詞をみればわかることだが、そこには西欧中産階級の幸福な家庭と優しい母の姿が描きだされ、楽しい眠りと安らぎのフンイキ(d)が立ち上っている。[C]

「五木の子守唄」や「中国地方の子守唄」とは［ I ］の差といっていいだろう。貧しい家の娘が金持ちの家の子守になってはたらく。美しい着物と帯を着ている金持ちの娘と、乞食娘のような自分、といって嘆いている。貧困と差別にあえいでいた子守娘たちだった。そしてそんな暗い時代の記憶を否定し、のり越えるためにこそ、われわれの近代はあったのである。②文明開化、西洋化のロセン(e)がそうだった。「五木の子守唄」や「島原の子守唄」をかなぐり捨てて、ひたすらシューベルトやブラームスの子守唄の世界にたどりつこうとして急な坂を登りつめてきたのである。[D]

漢字（各2点）

a 浮浪者〔　　〕

b 悲哀〔　　〕

c 尋常〔　　〕

d フンイキ〔　　〕

e ロセン〔　　〕

語句

短調…音楽用語。短音階に基づいた、楽曲の調性。

時効…一定期間が経過し、刑罰権が消滅すること。

旋律…メロディー。

そんなわれわれの「近代」を、いったい誰が否定できるというのだろう。「古き日本の子守唄よ、ふたたび」と願う者がすくなくなったとして、いったい誰が責められよう。けれどもそのことによってわれわれは、子守唄が担ってきたはずの悲哀の旋律までを手放すことになってしまったのではないだろうか。もしもその短調のメロディーとともに、人の悲しみに共感し涙するこころまでが枯れはててしまったとしたら、われわれはすでにとり返しのつかないところにきているのかもしれない。

（注）さきに私は、〜…筆者はこれより前の部分で、「五木の子守唄」などの日本の子守唄のCDが店頭から消えたことを指摘している。

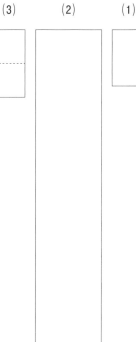

□ (1) この文章からは、次の一文が抜けている。入る箇所をA〜Dから選び、記号で答えなさい。（6点）

われわれはいつのまにか短調排除の時代を生きて、感性の大切な部分を失いつつあるのかもしれないのである。

□ (2) 傍線部①とあるが、この原因としてどのようなことが指摘されているか。簡潔に説明しなさい。（8点）。

□ (3) 空欄Ⅰに二字の熟語を入れ、「天と地ほど大きな差があること」という意味の言葉にしなさい。（4点）

□ (4) 傍線部②とあるが、どうすることか。次から選び、記号で答えなさい。（6点）

ア 貧困や差別をのり越え、豊かで幸福な生活を手に入れること。
イ 西洋の音楽を取り入れて、日本固有の短調の音楽を捨てること。
ウ 貧しい家で生まれ育っても、希望や明るさを失わないこと。
エ 西洋の文化を吸収し、広く子どもにまで行き渡らせること。

□ (5) 傍線部③から読み取れる筆者の考えを、簡潔に説明しなさい。（8点）

□ (6) 本文で、筆者は今後日本人がどのようになることを危惧しているか。簡潔に説明しなさい。（8点）

解答欄

(1)

(2)

(3)

(4)

(5)

(6)

20 評論 持たないという豊かさ ―― 原 研哉

ピーター・メンツェルという写真家の作品に『地球家族』と題された写真集がある。これは多様な文化圏の家族の写真を撮影したものだ。それぞれの家族は、全ての家財道具を家の前に持ち出して並べ、家を背景にして写真に収まっている。どのくらいの国や文化、家族の写真が収められていたかは正確に記憶していないけれども、aセンメイに覚えているのは、①日本人の家財道具が、群を抜いて多かったことである。日本人は、いったいいつの間にこんなにたくさんの道具に囲まれて暮らしはじめたかと、唖然(あぜん)とした気持ちでそれを眺めた。無駄と言い切ることはできないまでも、なくてもよいものたちを、よくぞここまで細かく取り揃(そろ)えたものだとあきれる。別の言い方をするならば、ものの生産と消費の不毛な結末を静かに指摘しているようなその写真は、僕らがどこかで道を間違えてしまったことを暗示しているようであった。

ものにはそのひとつひとつに生産の過程があり、マーケティングのプロセスがある。石油や鉄鉱石のような資源のbサイクツに始まる遠大なものづくりの端緒に遡(さかのぼ)って、ものは計画され、修正され、cジッシされて世にかたちをなしてくる。さらに広告やプロモーションが流通の後押しを受けて、それらは人々の暮らしのそれぞれの場所にたどり着く。そこにどれほどのエネルギーが消費されることだろう。その大半が、なくてもいいような、雑駁(ざっぱく)とした物品であるとしたらどうだろうか。資源も、創造も、輸送も、電波も、チラシも、コマーシャルも、それらの大半が、暮らしにdニゴりを与えるだけの結果しかもたらしていないとするならば、②これほど虚(むな)しいことはない。

僕らはいつしか、もので溢(あふ)れる日本というものを、度を超えてeキョヨウしてしまったかもしれない。世界第(注)二位のGDPを、目に見えない誇りとして頭の中に装着してしまった結果か、 A 、戦後の物資の乏しい時代に経験したものへの渇望がどこかで③幸福を計る感覚の目盛りを狂わせてしまったのかもしれない。秋葉原にしてもブランドショップにしても、過剰なる製品供給の情景は、ものへの切実な渇望をひとたび経験した眼(め)で見るならば、確かに頼もしい勢いに見えるだろう。 B 、いつの間にか日本人はものを過剰に買い込み、その異常なる量に鈍感になってしまった。

〔 月 日〕

時間 20分 得点

解答▶別冊18ページ

漢字(各2点)

a センメイ〔 〕
b サイクツ〔 〕
c ジッシ〔 〕
d ニゴり〔 〕
e キョヨウ〔 〕

［C］、そろそろ僕らはものを捨てなくてはいけない。捨てることのみを「もったいない」と考えてはいけない。捨てられるものの風情に感情移入して「もったいない」と感じる心持ちにはもちろん共感できる。しかし膨大な無駄を排出した結果の、廃棄の局面でのみ機能させるのだとしたら、その「もったいない」はやや鈍感に過ぎるかもしれない。廃棄する時では遅いのだ。もしそういう心情を働かせるなら、まずは何かを大量に生産する時に感じた方がいいし、さもなければそれを購入する時に考えた方がいい。もったいないのは、捨てることではなく、廃棄を運命づけられた不毛なる生産が意図され、次々と実行に移されることではないか。

（注）世界第二位のGDP…日本は二〇〇九年まで第二位だった。GDP（国内総生産）は一定期間内に国内で生産された、財やサービスの価値額の合計のこと。

□ (1) 傍線部①とあるが、筆者はこの状態をどのように表現しているか。文中より十四字で抜き出しなさい。（6点）

□ (2) 傍線部②とあるが、筆者はなぜ「虚しい」と感じているのか。文中の「過程」という語を必ず使ってその理由を説明しなさい。（8点）

□ (3) 空欄A～Cに入る語句を次からそれぞれ選びなさい。（各3点）

ア だから　**イ** さて　**ウ** しかし　**エ** あるいは

□ (4) 傍線部③とあるが、筆者が考える「幸福を計る感覚の目盛り」が狂った状態を表している例として適切なものには○を、適切でないものには×を記しなさい。（各2点）

ⓐ 先祖代々伝わる掛け軸をオークションに売り出す。
ⓘ 携帯の新機種が発売される度に機種変更する。
ⓤ 安くてデザインの良い服を吟味して買う。
ⓔ A店はまとめ買いをすると一割引きになるサービスをしている。

□ (5) 傍線部④とあるが、そのように筆者が考える理由を説明しなさい。（9点）

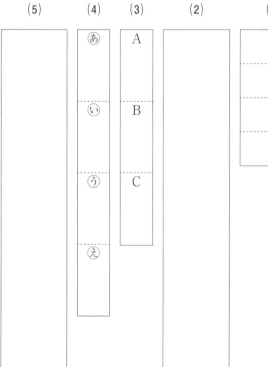

解答欄

(1)

(2)

(3) A　B　C

(4) ⓐ　ⓘ　ⓤ　ⓔ

(5)

21 評論 翻訳の勧め——加藤周一

時間 20分

得点

〔 月 日〕

解答▶別冊18ページ

翻訳は異文化理解のカテイ[a]である。異文化とわれわれとのキョリ[b]は、空間的あるいは時間的であり、したがって同時的または通時的な翻訳が成りたつが、キョリが時空の双方にわたる場合には、①同時的および通時的な訳となる。たとえば『カンタベリ物語』(注)と現代の英国人との間には、時間的なキョリがあり、われわれ日本人との間には、時間空間的なキョリがある。日本人の観客は、二重のキョリを超えなければならない。

しかし異文化を理解するとはどういうことか。ある概念を理解するとは、それをその人自身の概念の体系へとり入れ、そこで位置づけ、他の概念と関係づけることであり、あるものを理解するとは、その人の世界観の体系に新たな要素としてそのものをつけ加えるだけでなく、②体系の秩序へ組み入れることであろう。そういう体系は一般に特定の文化のなかでは、少くとも大すじにおいて、与えられた概念的枠組みである。③翻訳は異文化の——すなわち他の概念的枠組みのなかの特定概念を、自己の枠組みのなかで定義しなおすことである。

もちろん異文化とのセッショク[c]において、その文化内部の対象を理解するために、常に翻訳を必要とするとはかぎらない。もし人が二つの概念的文化的枠組みを用いることができるとすれば、相手の枠組みをサイヨウ[d]し、そのなかでの対象の位置を見定めることもできるだろう。それはたとえば中国語の原文を、そのまま中国の歴史と文化の枠組みのなかで、中国人が理解するように理解することである。すなわちその言語と文化に、その国の人と同じようにセイツウ[e]していなければならない。故吉川幸次郎教授が、しばしば中国を「わが国」とよんだのは、おそらくそういうことを意味していた。吉川教授の中国古典文学の研究は、④翻訳と関係がない。

しかし一般に一人の人間が、みずからものを考えるということは、——もしそうでなければその人の考えそのものが外部から操作されることになるだろう——自己の枠組みまたは体系のなかにあらゆる対象をとりこむことを前提とする。その枠組みまたは体系は、自国または異国の文化によって強く条件づけられるが、それだけではなく、同時にまたその人自身の個性的なものでもある。そもそも個性が成りたつのは、同じ社会と文化のなかで、思考の枠組みが人によってちがうからである。⑤他人の言葉で考えるのではなく、自分の言葉で考えなければ、個性はない。

漢字 (各2点)

a カテイ 〔 〕

b キョリ 〔 〕

c セッショク 〔 〕

d サイヨウ 〔 〕

e セイツウ 〔 〕

（注）カンタベリ物語…十四世紀のイギリス詩人チョーサーの代表作。

□(1) 傍線部①の説明として適切なものを、次から選びなさい。（5点）

ア 「源氏物語」の現代日本語訳。
イ 国際会議での同時通訳。
ウ 日常言語からコンピューター言語への翻訳。
エ 明治初期における西洋古典の日本語訳。

□(2) 傍線部②とは、どういうことか。その内容に合致するものには○を、合致しないものには×を記しなさい。（各4点）

Ⓐ 新たな要素と体系のなかのほかのものとの相対的な位置関係をはっきりさせること。
Ⓘ 新たな要素をとり入れ、それにもっとも近い既存の要素をとり除くこと。
Ⓤ 新たな要素が体系全体の秩序を組み変えるようにすること。
Ⓔ 新たな要素の意味を体系のなかで定義しなおすこと。

□(3) 傍線部③の「異文化の」に対応するのは、「すなわち」以下のどの部分か。適切なものを次から選びなさい。（3点）

ア 他の　**イ** 他の概念的な　**ウ** 他の概念的枠組みのなかの
エ 他の概念的枠組みのなかの特定の

□(4) 傍線部④とあるが、「関係がない」のはなぜか。わかりやすく説明しなさい。（8点）

□(5) 傍線部⑤とあるが、「個性はない」と言えるのはなぜか。その理由を説明した次の空欄に入るように二十字以内で説明しなさい。（8点）

自分の言葉をもつことは、＿＿＿から。

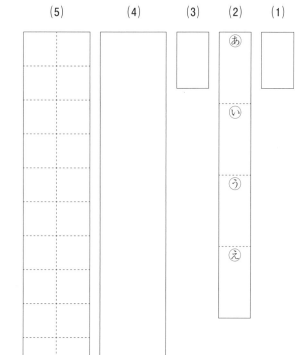

解答欄

(1)

(2) あ　い　う　え

(3)

(4)

(5)

第1章　第2章　第3章

22 随筆 埋もれた日本——和辻哲郎

日本画の様式は、どこへでも通用し得るというわけではない。西洋の文化を受け入れるタイセイ[a]と、日本画の様式とは、調和しないであろう。たとえば洋風の建築に、桃山式の壁画をつけるわけには行かない。合理主義的法則的な建築様式は、不規則な気合の統一の様式などを受けつけないのである。もしこれらを無理に結びつければ、そこに①滑稽な「混合美術」が生まれてくるであろう。そういう不愉快な失敗の例は決して少なくないのである。

従ってここにまず必要なのは、それぞれの様式の相違、従ってその限定の理解である。それぞれの様式は、その背負っている伝統のなかで、ジュンスイ[b]に、従って混合芸術に陥ることなしに、発展させられなくてはならない。がそれにもかかわらず、②美術家の努力は、絶えずその伝統をはねのけることに向かっているのである。そういう否定の努力に際しては、伝統の異なる他の様式が、しばしば天啓*的な示唆*を与えることもあるであろう。それは混合ではない。新しい様式の創造である。

そういう例としてわれわれはマネーに対する浮世絵のエイキョウ[c]をあげることができる。浮世絵の簡素な色調は、マネーを刺激して一つの新しい様式を生み出させたように見える。マネーの絵に対するとき、われわれはそれを感ぜざるを得ないのである。

モネーの晩年の草花の壁画も③そういう印象を与える。モネーはここで西洋の風景画の伝統を超えて、日本の草花の屏風に見るような構図をもって大壁画を作っているのである。（中略）

しかしそれは、洋画と日本画との対立というような、伝統の異なった様式の対立などの見られないフランスにおいてのことである。かかる対立の下に苦しんでいる日本では、この問題の解決には洋画家も日本画家もともに参加しなくてはならぬ。洋画家はマネーやモネー以上に日本画の伝統から示唆を受ける機会を持っている。モネーの始めた草花の壁画のごときを、もっと突きつめて遂行[d]することもできるはずである。とともに日本画家も、絵画の公共性について多くのことを洋画の伝統から示唆されてよいであろう。日本画における公共性の欠乏は、絵の具や技法に結晶*している。線の微妙な発達とか、持続的な展観に堪え[e]ない色彩や画布とかは、［A］な鑑賞が盛んであった結果であろう。しかし日本画も古い時代にはそうではなかったのである。それは法隆寺の壁画を描いて千年

〔　月　日〕

時間 20分　得点

解答▶別冊19ページ

漢字（各2点）

a タイセイ〔　　〕
b ジュンスイ〔　　〕
c エイキョウ〔　　〕
d 遂行〔　　〕
e 堪えない〔　　〕

語句

天啓…天の啓示。神の導き。
示唆…他の物事によって、それとなく知らせること。
結晶する…ある事柄が積み重なって、他の形をもって現れる。
襲用…従来のやり方や形式をそのまま受け継いで用いること。

以上の持続的な展示に堪え、桃山時代の豪華な宮殿の障壁を飾って三百年後に遺品を残している。日本画はこういう公共的性格を回復しなくてはならぬ。ただその場合に、過去の様式をそのまま襲*用するのでなく、それをはねのけて新しい様式を創造するためには、洋画の伝統から多くの示唆を受けることができるであろう。④このような努力が洋画と日本画との双方から行なわれて行けば、洋画と日本画との区別をのり超えた新しい様式も創造され得るであろう。それは両者の混合ではなくして新しい一つのものである。それは洋画の伝統と日本画の伝統とをいずれも否定しつつ、しかも両者の生命を生かせ、従って二つの伝統を共に背負ったものとして現われるであろう。

□ (1) 傍線部①とあるが、筆者がこれを「滑稽」であるというのはなぜか。簡潔に説明しなさい。（8点）

□ (2) 傍線部②とあるが、どのようなことか。適切なものを次から選び、記号で答えなさい。（6点）

ア 美術家が、混合芸術をはねのけて伝統を追求しようとすること。

イ 美術家が、美術の様式が背負う伝統から脱却しようとすること。

ウ 美術家が、混合芸術に陥った絵を伝統へと戻そうとすること。

エ 美術家が、伝統を捨てて混合芸術の美を模索しようとすること。

□ (3) 傍線部③とあるが、どのような印象か。「伝統」という言葉を用いて説明しなさい。（10点）

□ (4) 空欄Aに入る語として適切なものを次から選び、記号で答えなさい。（6点）

ア 刹那的　イ 革新的　ウ 貴族的　エ 私室的

□ (5) 傍線部④とあるが、どのようなことか。洋画と日本画のそれぞれの側面から、簡潔に説明しなさい。（各5点）

解答欄

(1)

(2)

(3)

(4)

(5) 洋画

日本画

23 随筆 日本文化私観

坂口安吾

時間 20分　得点

解答▸別冊20ページ

（　月　日）

いつかコクトオ*が、日本へ来たとき、日本人がどうして和服を着ないのだろうと言って、日本が母国の伝統を忘れ、欧米化に汲々たる有様を嘆いたのであった。なるほど、フランスという国は不思議な国である。戦争が始まると、まずまっさきに^a^ヒナンしたのはルーヴル博物館の^b^チンレツ品と金塊で、巴里の保存のために祖国の運命を換えてしまった。彼等は伝統の遺産を受継いできたが、祖国の伝統を生むべきものが、また、彼等自身に外ならぬことを全然知らないようである。

伝統とは何か？　国民性とは何か？　①日本人には必然の性格があって、どうしても和服を発明し、それを着なければならないような決定的な素因*があるのだろうか。

講談を読むと、我々の祖先は甚だ復讐心が強く、乞食となり、草の［A］を分けて仇を探し廻っている。そのサムライが終ってからまだ七八十年しか経たないのに、これはもう、②我々にとっては夢の中の物語である。今日の日本人は、およそ、あらゆる国民の中で、恐らく最も憎悪心の尠い国民の中の一つである。（中略）

つまり、このような憎悪が、日本人には無いのである。『三国志』における憎悪、『チャタレイ夫人の恋人』における憎悪、血に飢え、［B］ツ裂にしてもなおあき足りぬという憎しみは日本人にはほとんどない。昨日の敵は今日の友という甘さが、むしろ日本人に共有の感情だ。およそ仇討にふさわしくない自分達であることを、恐らく多くの日本人が^c^ツウカンしているに相違ない。長年月にわたって^d^テッテイ的に憎み通すことすら不可能にちかく、せいぜい「食いつきそうな」眼付ぐらいが^e^ゲンカイなのである。

伝統とか、国民性とよばれるものにも、時として、③このような欺瞞*が隠されている。およそ自分の性情にうらはらな習慣や伝統を、あたかも生来の希願のように背負わなければならないのである。だから、昔日本に行われていたことが、昔行われていたために、日本本来のものだということは成立たない。外国において行われ、日本には行われていなかった習慣が、実は日本人に最もふさわしいことも有り得るし、日本において行われて、外国には行われなかった習慣が、実は外国人にふさわしいことも有り得るのだ。④模倣ではなく、発見だ。（中略）

キモノとは何ぞや？　洋服との交流が千年ばかり遅かっただけだ。そうして、限られた手法以外に、新たな

漢字（各2点）

a ヒナン〔　　〕
b チンレツ〔　　〕
c ツウカン〔　　〕
d テッテイ〔　　〕
e ゲンカイ〔　　〕

語句

コクトオ…ジャン・コクトー。フランスの詩人。劇作家や映画監督としても活躍した。
素因…原因。
欺瞞…だますこと。欺くこと。

発明を暗示する別の手法が与えられなかっただけである。日本人の貧弱な体躯が特にキモノを生みだしたのではない。日本人にはキモノのみが美しいわけでもない。外国の恰幅のよい男達の和服姿が、我々よりも立派に見えるに極っている。

□(1) 傍線部①の「素因」を、筆者はどのように考えているか。わかりやすく説明しなさい。(8点)

□(2) 空欄A・Bに入る語をそれぞれ漢字一字で書きなさい。(各4点)

□(3) 傍線部②とは、どういうことか。適切なものを次から選びなさい。(8点)

ア 仇討は講談の世界だけで行われていて、実際には行われていなかったということ。

イ 日本人は復讐心が少ないので、諸外国の文学に比べ憎悪をテーマとした物語が成立しにくいこと。

ウ 現在の日本人の国民性を考えると、昔仇討の習慣があったことをとても信じられないこと。

エ 日本人が長年にわたって憎しみの感情を抱き続けるのは難しいということ。

□(4) 傍線部③とは、どういうことか。わかりやすく説明しなさい。(8点)

□(5) 傍線部④とあるが、どういうことか。適切なものを次から選びなさい。(8点)

ア 他から影響を受けて、新たなものを作り出すということ。

イ 昔の習慣に疑問を持ち、新たな工夫をすること。

ウ 伝統を守り続けることで、不変なものにしていくこと。

エ 自分たちによりふさわしいものを捜し続けること。

解答欄

(1)	(2)	(3)	(4)	(5)
	A　　B			

24 評論 居住空間における日本的なもの

高階 秀爾

どの社会にも、聖なる空間を大切にする習慣があって、そのために立派な教会堂やソウゴン[a]な神社が建てられる。だが①西欧の教会建築は壁によって内外の区別がはっきりしており、壁の内部は聖なる場所で、壁の外は俗世間ということがかたちの上でも明確だが、日本の神社で聖なる空間を示すものは、物理的には境界として何の役にも立たない鳥居である。つまり一歩鳥居をくぐれば神の空間であるというのは、もっぱらわれわれの意識の問題なのである。

似たような例として、お寺や日本式料亭の庭の飛石の上に、時に、十文字にナワ[b]をかけた小さな石が置かれていることがある。これは関守石*と呼ばれるもので、ここから先は立入禁止というしるしである。だがこれも、その気になれば簡単にまたいでいけるもので、物理的には何の障碍（しょうがい）にもならない。関守石の存在によって空間が区別されるのは、われわれの意識のなかにおいてである。

このように、眼に見えないかたちで内外の区別が成立するためには、鳥居や関守石の意味についての共通の理解を前提とする。その共通の理解を持った集団、ないしは共同体が日本人にとっては「身内（みうち）」であり「仲間（なかま）」であって、その外にいる者は「よそ者」ということになる。日本の家がしばしば「うち」と呼ばれるように、家族は「身内」の代表的なものであるが、時と場合によっては、それは地域社会であったり職場の組織であったりする。サラリーマンが「うちの会社」と言う時は、会社全体が「身内」である。つまり「身内」は、ある関係性のなかで成立するもので、そのことが、日本人の行動様式を外国人にわかりにくいものにしていると言ってよいであろう。関係性は［　A　］だからである。

空間的な内部を意味する「うち」という言葉が「身内」のように人間同士の関係性を意味したり、あるいは「朝のうちに仕事をする」という具合に、時間的広がりにも用いられることから明らかなように、日本人にとっては人間社会も空間も時間も関係性という共通した編み目のなかに組み入れられている。同じひとつの部屋が、外から人が来れば客間になり、夜になればシンシツ[c]となるというのは、住居の空間もまた、人間や時間との関係で意味を変えることを物語っているであろう。

〔　月　日〕

時間 20分

得点

解答▶別冊20ページ

漢字（各2点）

a ソウゴン〔　　〕

b ナワ〔　　〕

c シンシツ〔　　〕

d カイメイ〔　　〕

e カギ〔　　〕

語句

関守石…茶庭の飛石の岐路にナワで十文字に結わえて据えた石。

日本人は、そのような関係性の広がりを、「間」という言葉で呼んだ。「間」とは「広間」「客間」のように空間の広がりでもあり、「昼間」「晴れ間」のように時間的広がりでもあり、また「仲間」のように人間関係の広がりでもある。読み方はさまざまだが、「空間」も「人間」も、そして「世間」も、いずれも「間」という文字を含んでいるのは、決して偶然ではない。そのような関係、つまり②「間合い」を正しく見定めることが、日本人の行動様式の大きな原理である。その計測を誤ると「間が[B]」ことになり、「間違い」をおかすことになる。現在、われわれの生活様式は大きく変わりつつあるとはいえ、この「間」の感覚はなお日本人のあいだに生き続けており、住居の構造や住まい方をも規定している。それはおそらく、日本人の美意識や倫理とも深く結びついているもので、その本質と構造を[d]カイメイすることが日本の文化を理解する大きな[e]カギとなるであろう。

□ (1) 傍線部①とあるが、それに対して日本の建築の「内外の区別」にはどのような特徴があるか。わかりやすく説明しなさい。（8点）

□ (2) 空欄Aに入る言葉を十字以上、十五字以内で書きなさい。（8点）

□ (3) 傍線部②とあるが、筆者がこのように考える理由をわかりやすく説明しなさい。（10点）

□ (4) 空欄Bに入る形容詞を書きなさい。（6点）

□ (5) 本文で述べられている内容に合致するものを、次から選びなさい。（8点）

ア 日本は聖なる空間を重要視する習慣が、西欧と比べてあまりない。

イ 日本の神社では、鳥居によって物理的な内外の区別が成立する。

ウ 日本社会では、共通の認識を持つ集団が身内とみなされる。

エ 現代では時間・空間・人間の関係性は生活において失われつつある。

解答欄

(1)

(2)

(3)

(4)

(5)

25 随筆 同行三人 ―― 白洲正子

私は[a]シュザイのためにときどき旅に出るが、行く先々で思いもかけぬ人やものに出会うことがある。その大部分は、文章と関係のないことなので、書かないで済ます場合が多いが、そういうものの一つに、丹波(たんば)の峰定(ぶじょう)寺(じ)を訪ねた時の思い出がある。それは思い出というより、私にとっては生涯忘れぬような強烈な印象だった。（中略）この寺は、平安末期に、鳥羽天皇が[b]建立した山岳仏教の寺院で、千手観音を本尊としている。観音の浄土は高い山のてっぺんにあるので、峰定寺の本堂もその例に洩(も)れず、杉[c]コダチにかこまれた岩山の上に、懸崖造りのみごとな建物がそびえている。そこへお参りしての帰りだった。険しい山道を三分の二ほど下ったところで、異様な人物とすれ違った。黒い洋服を着た品のいい奥さんで、年の頃は七十に手がとどくであろうか、何かひどく思いつめた様子で、一点を見つめているのが、只(ただ)ならぬ気配に見えたのである。その表情のほかには、変なところは一つもなかった。もしかすると、この奥さんは、俳句か歌を夢中になって考えているのかも知れない。周囲のものをまったく無視して、一つの言葉を求めている、探している、きっとそうに違いないと私は思った。

そのまま山門の近くまで下りて来た時、かたわらの木の株に腰をかけて、休んでいる男の人を見て、私は愕然とした。その人は、膝(ひざ)の上に、麦わら帽子をかぶった大きなお人形を抱いていたからである。とたんに①私はすべてを理解した。この男の人と、あの奥さんは御夫婦で、お人形は彼らが亡(な)くした息子のつもりに違いない。②私は悪いものを見た気がして、足早にそこを立ち去った。

なぜ私にそんなことがわかったかといえば、小林秀雄*さんが書いた「人形」という随筆を読んでいたからだ。――ある時、小林さんが、大阪行の急行の食堂車の中で、六十恰好(かっこう)の上品な夫婦といっしょになり、彼らが人形を連れているのを見て、不審に思う。すべては無言のうちに事が運ぶが、その人形をあんまり人間のように扱うので、小林さんは悟ってしまう。「一人息子は戦争で死んだのであろうか。夫は妻の乱心を鎮めるために、彼女に人形を当てがったが、以来、二度と正気に還らぬのを、こうして連れ歩いている。……」

そこへ③大学生のような若い娘が現れて、同じテーブルに座ったが、彼女もひと目で事情を察し、人形をふく

時間 20分 得点

〔 月 日〕

解答▸別冊21ページ

漢字（各2点）

a シュザイ〔 〕

b 建立〔 〕

c コダチ〔 〕

d キンコウ〔 〕

e カンメイ〔 〕

語句

小林秀雄…一九〇二（明治三五）年～一九八三（昭和五八）年。文芸評論家。東京大学文学部卒業。日本における文芸批評を確立した人物。昭和の文壇をリードし、多数の文芸評論家に影響を与えた。

めて五人の会食は、無言のうちに和やかに終わる。そして、小林さんは、最後にこうつけ加えている。「④もし、誰かが、人形について余計な発言でもしたら、どうなったであろうか」と。

原稿用紙でわずか四、五枚の短篇だが、登場人物がみな危うい(d)キンコウを保って、無言の、だが親密な会話を交わしている、その描写は、名優の演技を見るようで、私は深い(e)カンメイを受けたのであった。

□ (1) 傍線部①とあるが、筆者が「理解」できた理由を示す一文を文中から抜き出し、最初と最後の三字を書きなさい。(句読点を含む)(8点)

□ (2) 傍線部②とあるが、「悪いものを見た気がし」た理由として適切なものを次から選びなさい。(10点)

ア 他人が干渉してはならない夫婦だけの人生に、土足で踏み込んだような気がしたから。

イ 子供の供養のために、密かに人里離れた寺院を訪れている夫婦を見てしまったから。

ウ いい歳をした夫婦が、人形を死んだ息子と思って連れて歩いている姿に異様な思いがしたから。

エ 人形を死んだ息子と信じて連れながら寺参りをしている夫婦の、触れてはならない内面に触れてしまったと感じたから。

□ (3) 傍線部③の「若い娘」の存在が、話(「人形」)の展開上印象的なのはなぜか。その理由として適切なものを次から選びなさい。(10点)

ア 登場人物の中で最も若い存在だから。

イ 若い娘が察しがよく自然な対応をしたから。

ウ 息子である人形と若い娘が、幻想的に描かれているから。

□ (4) 傍線部④で「どうなったであろうか」とあるが、どうなったと考えられるか。文中の表現を利用しながら五十字以内で書きなさい。(句読点を含む)(12点)

解答欄

(1) ～

(2)

(3)

(4)

26 随筆 道を歩くということ ―― 小池昌代

道を歩くということとは、いったい、どういうことだろう。碁盤の目のなかに暮らしていたころ、わたしはひとつの道を歩きながら、同時に、その道の裏側に、平行して走る道があることを、知っていた。ひとつの道が、もうひとつの道と、どのようにつながっているのかを、知っていた。自分がいま、歩いている道と、その周囲に展開している風景を、実際にこの目で見定めながら、同時に、見えない裏道の風景を、予測したり、想像することができたのである。よく知る町を歩くとは、こういうことだ。①頭のなかに、縮小された町全体が入っていて、そのうえで、目の前に現れてくる風景を感受している。

自分の身体を何十倍にもふくらませたもの、それが、暮らしている町の実感であり、一方でまた、自分が町を構成している、aサイボウのかけらのひとつであることを、無意識のうちに感じていたと思う。

慣れない町では、こうした②複合的な散歩ができない。道を歩けば、その道がすべてである。場所という場所は、ばらばらにbテンザイしていて、それらがどのようにつながりあっているのかが、見えてこない。現前の細部しか手がかりがなく、関係や全体がわからない状態というのは、どんなものごとをcハアクする場合にも、不安感をひとにもたらすのではないか。（中略）

しかしどんな道も、いかなる町も、生きている人と知り合うのに似て、少しずつ、だんだんと、なじんでくるものだ。町の構造がようやく身体に入ってきたころ、「近道」とか「遠回り」というdガイネンも入ってきた。目印だけを頼りに通っていた道が、案外、遠回りであることがわかったり、思い切って足を踏み入れてみた小路が、思いがけぬところへ抜けていたり。道を歩くことは、こうして全身をかけて、土地を切り開き、土地にもぐりこみ、土地になじんでいく行為にほかならなかった。（中略）道には、知っていることと知らないことを、結びつける機能が備わってもいるようだ。［A］ことを伸ばしていけば、［B］ところへ出る。［B］ものを伸ばしていくと、［A］道に出る。

外国に旅に出ると、特に一人旅では、③こういうことは、eメイリョウに起こる。言葉の不自由さに加えて、土地そのものからはじかれている感じは、④ひとを二重に異邦人にするが、それでも、ひとつの道が、次第に親し

時間 20分　得点

〔　月　日〕

解答▸別冊22ページ

漢字（各2点）

a サイボウ〔　　〕

b テンザイ〔　　〕

c ハアク〔　　〕

d ガイネン〔　　〕

e メイリョウ〔　　〕

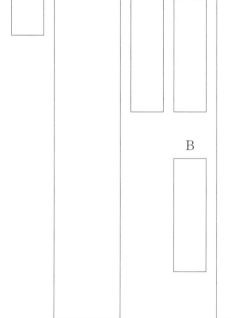

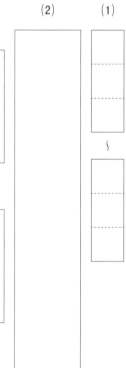

い道になっていき、日々、見知らぬ場所へとひとを運び、再び、宿へとひとを戻すとき、その道はひとにとって、水や塩に等しい、命をつなぐ脈ともなる。そうした道に付けられてある、通りの名前を知ったりすると、道は、いつでも記憶のなかに呼び出せる、親しい友のような表情さえ表す。

　初めての道に足を踏み入れるときは、いつも身体に緊張が［C］が、すべての道は、二度目に通るときから、「知っている道」になることも面白い。当たり前のことだが、そのことはうれしい。二度目に通るとき、ひとは、今の道と、記憶のなかの道の、二つの道を、同時に歩くのだ。

□(1) 傍線部①を筆者は別の箇所ではどのように表現しているか。その箇所を十七字で抜き出し、最初と最後の三字を書きなさい。（句読点を含まない）（6点）

□(2) 傍線部②とあるが、「複合的」とはどういうことか。わかりやすく説明しなさい。（8点）

□(3) 空欄A～Cに入る言葉を文中より抜き出しなさい。（各4点）

□(4) 傍線部③が指す内容をわかりやすく説明しなさい。（8点）

□(5) 傍線部④とは、どういうことか。その説明として適切なものを次から選びなさい。（6点）

ア 外国では必要以上によそ者であるという思いを強くさせられるということ。

イ 外国でも日本でも初めて通る道は少しずつしか道を覚えられないということ。

ウ 外国の初めての道も二度目に通れば知った道になり、近所の慣れた道のようになるということ。

エ 外国では思い切った行動をしないと町の様子がよく分からないということ。

解答欄

(1) ～

(2)

(3) A　B　C

(4)

(5)

27 評論 近代日本思想案内 —— 鹿野政直

時間 20分　得点

〔　月　日〕

解答▶別冊22ページ

幕末という時期に即していえば、「日本」へのカイガン[a]は、二つの点で、幕藩的な秩序を解体させる方向に機能しました。一つは、藩を超えることを可能とする意識を生みだした点です。武士にとってはそれは、忠誠対象の変更を意味しましたから、もとより心中での葛藤[b]をともないました。しかしついに、たとえば長州藩の(注1)久坂玄瑞(くさかげんずい)が土佐藩の(注2)武市瑞山(たけちずいざん)に書き送ったように、「①尊藩も②弊藩も滅亡しても大義なれば苦しからず」（一八六二年正月二一日付書簡）との意識に至ります。志士という自己認識を支えとして、藩の枠を乗り越えていったのです。（中略）

これを割拠制打破の方向とすれば、いま一つは、身分制打破の意識を生みだしたことです。西洋との出会いをつうじて、身分制の弊害が急速に意識化されてきます。門閥者では情勢に対応できないというばかりでなく、身分制が、さながら「一藩中に人種の異なる者」があるように人びとを分断している状態では（これは③福沢諭吉が近世の身分制度の実態を、出身の中津藩を例にとって活写した作品「旧藩情」〔一八七七年〕で使った表現です）、欧米に対抗できないという危機感です。

たまたま西洋社会を実見することのできた場合には、その想いにハクシャ[c]がかけられました。④仙台藩士の玉虫左太夫は、幕府の最初の遣米使節団に、正使の従者として加わったひとです。彼の「航米日録」は、この使節団の見聞記録の⑤白眉ですが、それを読むと、同船してアメリカ人の行動様式や人間関係にふれるうち、それまで前提としてきた身分制の秩序が、彼の心中で揺さぶられてゆくさまが窺われます。提督と水兵の「上下相混ジ」「同輩ノ如シ」という関係が、「万一事アルトキハ、各(おのおの)力ヲ尽シテ相救フ」親密さを生みだしていることを、玉虫は驚きをもって発見します。そうして彼は、それを礼儀のない国柄とあざけるのでなく、逆に日本のように、礼儀ばかりに厳重で上位の者が「下々ノ者ヲ蔑視」する状態では、「万一緩急アラバ、誰レカ力ヲ尽スベキヤ」と、危機感を深めてゆくのでした。そんな感想をもった玉虫は、月日を追った巻一―七の記述から憚りある部分を⑥抄出して、巻八を別につくりました。そこには、この類の感想が幾度も記されています。その一つを挙げると、「彼ハ固(もと)ヨリ礼譲ニ薄ケレド、辛苦艱難(かんなん)・吉凶禍福、衆ト同クシ、更ニ彼此(ひし)上下ノ別ナク（中略）、其国盛(さかん)ナルモ亦故アル哉」とあります。

漢字（各2点）

a カイガン〔　　〕

b 葛藤〔　　〕

c ハクシャ〔　　〕

d テッパイ〔　　〕

e 隆盛〔　　〕

身分制のテッパイ[d]が国家の隆盛[e]をもたらすという認識への転換でした。

（注1）久坂玄瑞…一八四〇（天保十一）年〜一八六四（元治元）年。幕末期の萩藩士。長州藩における尊攘激派の中心人物。

（注2）武市瑞山…一八二九（文政十二）年〜一八六五（慶応元）年。江戸時代後期の土佐藩士。土佐勤王党の盟主。

□ (1) 傍線部①・②が指すものを、文中よりそれぞれ抜き出しなさい。（完答4点）

□ (2) 傍線部③の著作を次から選びなさい。（4点）

ア 海国兵団　**イ** 経国美談　**ウ** 学問のすゝめ

エ 解体新書　**オ** 米欧回覧実記

□ (3) 傍線部④の人物に関する説明として、適切であるものには○を、適切でないものには×を記しなさい。（各4点）

ⓐ「航米日録」における叙述を見るかぎり、玉虫左太夫は身分制の秩序それ自体の絶対的な正しさに関しては最後まで疑いを持っていない。

ⓘ 玉虫左太夫たち武士は、当初はアメリカ人の異なった身分間の平等な友情を、儒教的な礼儀に対する侵犯として認識していた。

ⓤ 提督と水兵という身分違いの人間の間に親密さが生じるという事実は、玉虫左太夫のそれまでの価値観を揺さぶるほどの大きな衝撃だった。

ⓔ 玉虫左太夫にとっては、アメリカ人たちの身分を超えた友情や親密さこそが「礼譲」の本質として感じられた。

ⓞ「航米日録」には、異質な文化と遭遇したときの礼儀のない国柄へのあざけりよりも、儒教的身分制度そのものへの懐疑が生じたことを見ることができる。

□ (4) 傍線部⑤・⑥の意味を書きなさい。（各6点）

解答欄

(1) ①　②

(2)

(3) あ　い　う　え　お

(4) ⑤　⑥

章末問題

評論　大停滞の時代を超えて　――　山崎正和

時間 20分　得点　〔　月　日〕

解答▶別冊23ページ

　これまで鎖国についてはさまざまに論じられてきたが、何より特筆すべきことは、周囲は海ばかりの国であの禁令がよく守られたということだろう。もし国民がもともと海への憧れ[a]を強く抱いていたら、すでに西洋の情報も十分に持っていた知識人が密出国を試みないはずはない。それよりも幕府そのものが直轄の使節団を派遣し、貿易と情報収集の独占を企ててもよいはずである。じっさいには民間の「朱印船」が東南アジアに送られただけで、その規模は明の永(えい)楽(らく)帝が鄭和(ていわ)に大艦隊を造らせ、インドからアラビアまで七回も派遣したのと比較にもならないものであった。A

　どの点から見ても、日本人は権力者から知識人まで、①海岸民族ではあっても海洋民族ではなかったらしい。面白いイツワ[b]だが、明朝が滅びたとき、台湾に逃れた遺臣・鄭成功(ていせいこう)は江戸幕府に援軍を求めた。戦国時代が終わった後で、失業武士の始末に困っていた幕府では甲論乙駁(こうろんおつばく)が交わされたが、結局この絶好の機会を幕府は見送ってしまった。真偽のほどはわからないが、失業武士は国内に散らばり、多くは「寺子屋」の教師になって庶民教育の向上に寄与した、という説をなす人もいる。B

　第二次世界大戦後の日本では鎖国の評判ははなはだ悪く、和辻(わつじ)哲郎のようにそのせいで近代化が遅れたと嘆く人も現れた。たしかにそれは半ば[c]事実だろうし、ちなみにもし日本が桃山時代に海洋へ進出していたら、その後の世界史は一変していたかもしれない。西洋の造船術も航海術もすでに身につけ、やがて支倉常長(はせくらつねなが)をメキシコまで送るほど和製の西洋船は発達していた。鉄砲も普及し木材資源も豊かだったから、もし秀吉が朝鮮ではなくルソンを攻めていたら、江戸の日本軍はアメリカ大陸の西半分を占領していただろう。C

　しかしひるがえって近世の海洋国家の運命を見渡すと、②私は日本があまり早く海洋に進出しないでよかったと思わないでもない。ポルトガルもスペインも、それにオランダも、急速に覇をとげたがその後の没落も早かったからである。理由はよくわからないが、工業化以前の社会では、海洋国家の費用対効果があんがい悪かったのではないだろうか。（中略）

　海洋国家として真の成功をおさめたのは十九世紀のイギリスと、二十世紀のアメリカのほかにはないが、両者とも典型的な工業化以後の国家であった。具体的には船体が鋼鉄製に変わり、駆動力が蒸気機関に変わってからの海洋国家であった。船が運ぶ商品も各種の工業製品、資材としての鉱石や燃料、いわゆる必需品が中心となった時代の海洋国家であった。こうなれば貿易は農民を含む国民全体を潤し、それを守る大海軍を造る必要も、その費用を賄[d]う能力も高まったのであった。D

　ところで文明史は変化するものであり、伝統もそれに適合して変化することを宿命としている。かねて民族固有の文明というものがあり、固定的な性格が民族の興亡[e]を左右するという説があったが、このいうところの「文化決定論」ほど誤ったものはない。日本はかつての伝統*的な感受性にもかかわらず、百年の紆余曲折のすえ、みごとに工業化の波に乗って貿易立国に成功した。③この日本の奇跡こそ、文化決定論にたいする最大の反証の一つだと考えて、私はひそかに喜んでいる。

*かつての伝統的な感受性…これより前の部分で、西洋人には海を世界への出口だと見る感受性があったのに対し、日本人には海を異界と捉え、この世の果てと感じる想像力があったと、筆者は指摘している。

□(1) 点線部a〜eのカタカナは漢字で、漢字は読み方をひらがなで書きなさい。(各2点)

a	b	c
d	e	

□(2) この文章からは、次の一文が抜けている。入る箇所をA〜Dから選び、記号で答えなさい。(6点)

所詮はSF小説の種にすぎないが、現実の太平洋戦争よりは合理的な空想かもしれないのである。

□(3) 傍線部①とあるが、筆者は日本人をどのような民族であると指摘しているか。簡潔に説明しなさい。(12点)

□(4) 傍線部②とあるが、筆者がそのように言うのはなぜか。次から選び、記号で答えなさい。(8点)

ア イギリスやアメリカのように海洋国家として成功するためには、工業化以前の国家が没落して勢力を失うことを待つ必要があったから。

イ 工業化以前の国家は、海洋に進出してもそれほどの利益をあげることができず、王侯貴族や大商人でさえ損失を被ってしまったから。

ウ 日本は江戸幕府の鎖国によって、海洋国家として進出した国々の趨勢から多くのことを学び、のちに海洋進出するための準備ができたから。

エ 早くから海洋に進出しなかったことによって、結果的に没落しないで、のちに貿易立国として成功することができたと考えることも可能だから。

□(5) 傍線部③とあるが、筆者が「奇跡」だと考えているのはどのようなことか。「文化決定論」という言葉を用いてわかりやすく説明しなさい。(14点)

装丁デザイン　ブックデザイン研究所
本文デザイン　未来舎

本書に関する最新情報は，小社ホームページにある**本書の「サポート情報」**をご覧ください。(開設していない場合もございます。)
なお，この本の内容についての責任は小社にあり，内容に関するご質問は直接小社におよせください。

高校 トレーニングノートα 現代文読解

編著者　高校教育研究会
発行者　岡本泰治
印刷所　寿印刷

発行所　受験研究社

〒550-0013 大阪市西区新町2丁目19番15号
注文・不良品などについて：(06)6532-1581(代表)／本の内容について：(06)6532-1586(編集)

Printed in Japan　高廣製本
落丁・乱丁本はお取り替えします。

解答・解説

高校 トレーニングノートα 現代文読解

第1章 言葉を味わう

1 漱石は小説の先生である （4〜5ページ）

奥泉光…一九五六（昭和三一）年〜。山形県生まれ。小説家・近畿大学教授。国際基督教大学教養学部卒業。『石の来歴』で第一一〇回（一九九三年下半期）芥川賞受賞。『「吾輩は猫である」殺人事件』など漱石作品を下敷きにした小説がある。

出典…『漱石は小説の先生である』（『文藝春秋』特別版二〇〇四年十二月臨時増刊号『夏目漱石と明治日本』）からの一節。

読解のポイント 本章では「言葉」について考えます。小説家としても活躍する奥泉光の随筆です。私たちは漠然とですが、「小説」というものは、個々の言葉の使い方よりも全体的な構成や発想力などの方が重要だと考えています。しかし、奥泉は小説の文体を重視し、問題文では省略された箇所で小説家漱石の功績を次のように指摘しています。「わずか十年ばかりの作家活動の中で、あれほどたくさんの文体を、意識的に書き分けていった。多様なスタイルを持っていたからこそ、漱石は時代の支配的な小説スタイルから自由でいられたのです」。

解答

漢字 a 素養 b おもむき c 合致 d 身辺 e 留学

(1) エ (2) イ

(3) (例)言葉は自分の中ではなく、世界に自分と離れて存在するモノだと漱石も考えていたこと。

(4) 自分の中から湧き出す思いを言葉に託すもの(20字)

(5) ア

(6) (例)漱石は言葉をモノとして捉え、言葉に対するセンスを磨いていったので、形を重視する俳句などはその訓練になるから。

解説

(2)筆者が漱石作品を下敷きにした小説を書くときに苦労した点として「語彙の少なさ」を挙げている。つまり、「漱石的」＝「奥泉にない語彙」という図式が成り立つ。「漆黒の闇」は筆者にもなじみの表現なので、「漱石的ではない」となる。 (3)直後の「漱石も、同じ感覚で書いていたに違いない」が「直感的にわかった」ことである。「同じ感覚」が指す内容を書けば解答となる。

(4)直前の「自分の魂と〜言葉が出てくる」がその内容。設問の指示に従い、同内容の箇所を抜き出す。 (6)漱石はなぜ「形を重要視する」文学形式に惹かれたかを文脈に沿って考える。後の「言葉をモノとして捉え、言葉に対するセンスを磨いていった」に着目する。「センスを磨」くために形を重視する文学形式に興味があったのだ。

2 吉里吉里人 （6〜7ページ）

井上ひさし…一九三四（昭和九）年〜二〇一〇（平成二二）年。山形県生まれ。小説家。浅草フランス座で文芸部兼進行係を務めた後に放送作家としてスタートする。以後『道元の冒険』（岸田戯曲賞、芸術選奨文部大臣新人賞）、『手鎖心中』（直木賞）、『吉里吉里人』（読売文学賞・小説部門、日本SF大賞）、『東京セブンローズ』など戯曲、小説、エッセイ等に幅広く活躍した。一九八四年に劇団「こまつ座」を結成し、座付き作者として自作の上演活動も行った。

出典…『吉里吉里人』（新潮社）〈第二章 俺達の国語ば可愛がれ〉の一節。

読解のポイント 小説の一節ですが、「言葉」の問題を考える上で重要な示唆を与えてくれます。それは「共通語」「標準語」という問題です。ある意味で私たちの使っている言葉は空気のような存在なので、あたかも「共通語」と呼ばれるものが当たり前のように存在するかのように考えています。しかし、本

ひっぱると、はずして使えます。

問の場面を読めば、それが非常に政治的なものであることがよくわかります。少し難しいかもしれませんが、それは権力です。文中の表現を使えば「東京からの言葉で指図をされる」ことなのです。このことの意味をしっかりと理解できれば、各設問はそれほど難しいものではないでしょう。

解答

漢字 a 復権 b 徴兵 c げんたん d 涼気 e 極楽

(1) ウ (2) 自然現象

(3) 東京からの言葉で指図をされる

(4) 標準語 (5) ④イ ⑤ア

(6) (例)日本から独立を宣言することで、吉里吉里人にとって吉里吉里語が共通語となり、日本語は外国語になるということ。

解説

(1)まずはこの場合「骨董的」が否定的な意味で使われていることを押さえる。次に「骨董」の意味を捉えることがポイントとなる。辞書には「美術的価値のある古道具」とある。このうち「美術的価値」についてはこの後に「芸能的価値」として説明されているので、この場合は、「古道具」そのものを意味すると考えられる。「古道具」が一般に持つ否定的なイメージから推測する。(2)四字熟語だけでなく「吉里吉里語は」という主語に着目する。「〜なのです」という対句的な表現になっていることにも注意する。(3)「中央」「意向」がそれぞれ何を指すかを考える。「中央」は後に「東京の言葉」とある。「意向」の具体的内容については直後に「チョウヘイ命令や戦死通知や増産命令や減反命令を運んでくる」とある。これを言い換えている箇所を探す。(4)文脈から「共通語」と同じ意味内容を指す言葉とわかれば容易である。(5)④には、ア「貴重な品物」という意味もあるが、「舶(船)で来た」が元来の意味である。⑤は、その読みとともに知っておきたい熟語である。昔中国で、開戦の合図に嚆矢(こうし)(=かぶら矢のこと)を射たことからこの意味となった。(6)まず設問の「『うんにゃ』と答え」ることは何を意味するのかを考える。「このたびの分離独立」とあるので、吉里吉里人による「うんにゃ」という吉里吉里語での独立宣言である。そして吉里吉里語による独立宣言は同時に共通語としての日本語からの独立を意味することを押さえる。

3 反哲学入門 (8〜9ページ)

木田元(きだげん)…一九二八(昭和三)年〜二〇一四(平成二六)年。山形県生まれ。哲学者・中央大学名誉教授。東北大学文学部卒業。専門は現象学。フッサール、ハイデガー、メルロ・ポンティなどの現代西洋哲学の主要哲学書を平易な日本語に翻訳して紹介したほか、エッセイや自伝も多く執筆した。主な著書に、『現象学』『ハイデガーの思想』など。

出典…『反哲学入門』(新潮社)〈第一章 哲学は欧米人だけの思考法である〉の一節。

読解のポイント 古代ギリシアのプラトンに始まる西洋哲学の流れと、それを批判し、乗り越えようとすることによって出現したニーチェ以降の「反哲学」を区別し、西洋の思想史を体系づけて捉えることによって、現代の思想状況を俯瞰(ふかん)しようとした文章の一節です。

本文で、筆者は哲学を「欧米人だけの思考法である」と位置づけ、日本に哲学がなかったことはむしろいいことである、と指摘しています。日本人と西洋人の「自然」との関係性の違いが、結果として自分自身や世界との向き合い方にどのような違いをもたらしたのかを捉え、筆者の主張を正確に読み取りましょう。

解答

漢字 a ちぢ(めて) b 見渡(す) c 参照 d じゅんきょ e 恥(じる)

(1) (例)「ある」とはどういうことなのかについての、人生観・道徳思想・宗教思想などを組み込んだ、特定の考え方。(50字)

(2) (例)哲学の問いは人間を超自然的な存在であると考えることを前提としているが、これは西洋という文化圏特有の思考法であったから。

(3) ウ

(4) (例)自然を制作のための死せる材料と見なし、生きて生成するものであると認めないこと。(39字)

(5) (例)西洋の哲学は自然を制作のための材料とみなす反自然的で不自然なものであり、おのずから生成する自然の中で生きていると感じる日本の考え方の方が自然であると言えるから。

解説

(1)筆者は哲学の言葉の由来・性格・意味については後から考えると断った上で、哲学を「人生観……特定の考え方だということにしておきましょう」「あるいは、……特定の考え方だと言ってもいい」と述べ、いったん定義づけを行っている。(2)直後に、「というのも、……からです。」と述べられている。これをもとに、「特別な位置」についてわかりやすく説明するとよい。日本人との対比によって、西洋人だけがもっていた「超自然的な原理」について指摘する。(3)Aには自身を「超自然的な存在」あるいは「『超自然的存在』と関わりをもちうる特別な存在」だと思っている西洋人と対比した内容が入る。また、西洋人は「自然に生きたり、考えたりすることを否定している」とあるから、日本人は〈自然的な存在〉で〈自然に生きている〉ということになる。(4)西洋哲学は、もともとは「おのずから生成していくもの、生きて生成していくもの」である自然を否定し、超自然的原理のもとで、自然を「制作のための死せる材料」に限定してしまうのである。(5)筆者は最初に「哲学を不幸な病気だと考える」という自身のスタンスを表明している。その上で、西洋哲学のどこに問題があるのかを指摘し、それをもたない日本の考え方を肯定的に捉えている。〈自然との関わり方〉という観点からまとめるとよい。

4 日本の詩歌 (10〜11ページ)

大岡信(おおおかまこと)…一九三一(昭和六)年〜二〇一七(平成二九)年。静岡県生まれ。詩人・評論家。学生時代から詩人として活躍し、三十年近くにわたって朝日新聞で『折々のうた』を連載。詩歌や美術についての評論も多い。評論に『蕩児(とうじ)の家系』『現代詩人論』『紀貫之』、詩集に『記憶と現在』など著書多数。

出典…『日本の詩歌―その骨組みと素肌』(岩波現代文庫)〈四　叙景の歌〉の一節。青山学院大学の入試問題として出題されたものの一部を改訂したものである。

読解のポイント　戦後日本の代表的詩人であり、文芸評論家でもある筆者が、一九九四〜九五年にフランスのコレージュ・ド・フランスで行った講義の記録をまとめたものです。日本語における主語の存在の希薄さは、日本語の言語的特徴としてよく指摘されるところであり、それが自己主張の苦手さにつながって、国際的なコミュニケーションの場において問題をもたらしているという意見を見聞きしたことがある人も多いのではないでしょうか。

本文では、こうした日本語の言語的特質の表出を、平安時代の和歌、特に恋歌の中に見出しています。日本の古典詩歌に知識を持たないフランスの聴衆にも理解しやすいよう平明な言葉で語られた、筆者の日本詩歌論を捉えましょう。実際の和歌と引き比べながら読むと、筆者の主張がいっそう読み取りやすくなります。

解答

漢字　a きはく　b ぎょうしゅく　c 顕著　d 衰(える)　e ほんろう

(1) (例)日本人は主語の意識が希薄であることから、外交上の討論が下手で、できれば議論を避けたいと本能的に望む傾向があるという問題が生じる。

(2) ア　(3) イ

(4) (例)和歌の中で主語を明確にしなかったことで、恋心を歌う抒情歌が風景や自然を歌う叙景歌と一体化していたから。

(5) (例)平安時代以前のように主観性の内側に閉じこもっていることができなくなり、新しい時代の激しい動きの中で自らの位置に目覚めざるを得なくなったから。

解説 (1)前段落で述べた「日本語の文構造において主語の存在が希薄である」ために「民族としての日本人の中に主語の意識が希薄である」という指摘をもとに、傍線部以降ではここから生じる問題について論じている。 (2)「おしなべて」は「押し並べて」と書く。「全体にわたって、一様に」という意味の副詞。 (3)「主語を明確に発し、……という行き方は」を主語とした述語部分の内容にあたる。この主語の内容は、前段落で述べられた「主語を明確に示さなくても……支障を来たさない」という日本の言語の特徴とは相反するものとなっているので、こうしたことは、日本の長い歴史においてあまり根づいてこなかった、という文脈になると考えられる。 (4)筆者は、詩歌の特徴が「一民族の文化をもっとも要約して示す」と指摘している。つまり、「恋歌が……風景詩でもあれば自然詩でもあった」ということは、日本人の民族的特徴の現れであるということである。ここで指摘されている日本人の特徴は「主語の存在が希薄である」、「主語を明確に発し……自己主張を断固として貫くという行き方は……育たなかった」ということである。主体と客体との区別が曖昧であるのと同じく、叙景詩と抒情詩の区別も曖昧になったのだと考えられる。 (5)平安時代以前と鎌倉・室町時代との違いを捉える。平安時代は「主観性の内側にだけ閉じこもって……抒情の世界にひたすら包み込まれていた」時代であったのに対し、「武士を新しい主人公とする」時代には、「自分」の位置について、考えざるを得なかったのである。

5 日本語はなぜ変化するか （12〜13ページ）

小松英雄（こまつひでお）…一九二九(昭和四)年〜。東京都生まれ。筑波大学名誉教授・文学博士。筑波大学教授、駒澤女子大学教授などを歴任。東京教育大学大学院文学研究科修了。

出典…『日本語はなぜ変化するか―母語としての日本語の歴史』(笠間書院)〈プロローグ「日本語の特殊性」〉の一節。本書は、日本人が日本語をどれほど巧みに使いこなしているか、ダイナミックに運用されてきた日本語を根源から説きおこし、日本語の進化の歴史をあきらかにしたものである。

読解のポイント 第一章は「言葉を味わう」をそのテーマとしていますが、言葉の問題を考える上で本問は大変重要です。すでに言葉の基本的な知識として「言葉は変化するものである」ことを確認しました。本問では直接そのことに触れていませんが、本問の筆者もそれを前提としています。その上で筆者の指摘する「言語の優劣を比較する基準があるとしたら、それは、どちらがより正確に、そして、より効率的に運用できるかである」や「どの言語の運用効率も同じであって、優劣の差はない。それぞれの言語は、伝達の媒体として十全に機能しているから、その社会の人たちにとって使いにくい不完全な言語は存在しない」は言葉における基本的知識としてしっかり押さえたいところです。

解答

漢字 a 反映 b 強弁 c 平然 d 警戒 e 適応

(1) イ (2) A ウ B ア (3) 眉

(4) (例)東京出身者とそれ以外の出身者とでは、同じ日本語であっても言語共同体が異なるから。

(5) (例)日本語が歴史の中で変化していても各時代の言語の運用効率には変わりがないということ。

解説 (1)設問の「そういうこと」が指す内容を押さえる。前文までの内容の要点を簡潔に押さえれば、「日本語の敬語は日本語に特有であると説明されることが多いが、よく似た敬語システムを持つコレア語は比較の対象になっていない」ということである。この要点が押さえられれば、解答は限定されるはずである。 (2)A 直前に「四つの常識的な事柄を確認しておきたい」とあるので、説明を示す語が入る。 B 前後の文のつながりを考えると、①の基本点に、②はつけ加えられていることが分かり、「まして」となる。 (3)比較的よく使われる慣用句である。「だまされないように用心する」という意味。「眉つば物」ともいう。 (4)直前の「この場合の社会とは同一の言語共同体を意味している」を理解できるかが鍵。具体例で考えてみるとわかりやすいかもしれない。東京で使われる言葉を共通語とすれば、基本的には大阪では大阪弁が使われる。同じ日本語であっても「言語共同体」は異なる。　(5)「平安時代の日本語は平安時代の社会にテキオウしていたし、現代日本語は現代の日本社会にテキオウしている」という筆者の基本認識を押さえたい。このことを簡潔に言えば「平安時代の日本語と現代の日本語が異なったとしていても、日本語はそれぞれの時代にそれぞれの社会でテキオウしていた」ということである。その上で筆者の言う「進歩」「退歩」のこの場合の意味を考える。進歩＝言葉の運用効率があがる、退歩＝言葉の運用効率がさがる、ということである。つまり、歴史的な言葉の変化は、様々な要因があるが、各時代の運用効率には変化がないということである。

6 通訳者は現代の巫女か　(14〜15ページ)

水野真木子…岐阜県生まれ。金城学院大学文学部教授。京都府立大学文学部卒業。日本通訳翻訳学会所属。通訳ガイドや会議通訳、法廷通訳の経験を持ち、司法通訳や医療通訳のほか、異文化コミュニケーション問題にも取り組んでいる。

出典…『通訳者は現代の巫女か』(『月刊言語』二〇〇九年四月号掲載)の一節。

読解のポイント　長年通訳者として活躍してきた筆者が、「通訳者」という仕事について、どういう役割をしているか、またどういう事が求められているかを述べた文章です。

前半は、通訳という仕事の役割を「巫女」にたとえ、ただ単に言葉を訳すのではなく、言葉の裏に隠されたものを「感じ取って伝える」ことが重要であると述べています。

後半は実際の通訳の体験を紹介しています。一つ目は会議通訳の例を挙げ、聞き手の解釈に任せる部分が多い日本語の通訳の難しさを述べています。二つ目は法廷通訳の例を挙げ、通訳と文化との関わりについて言及しています。どちらも通訳者の役割を捉えた上で、具体的にどういう通訳をすればよかったかを考えることが設問を解く上で重要になってきます。

解答

漢字　a たて　b 精通　c あいまい　d 未熟　e 突如

(1) 握できる。
(2) 言葉の裏にある真の意味
(3) (例)(アメリカ人の奥さんに対して日本人の女性が)実際の年齢よりも若く見えるとほめたのに、年齢よりも上に見えるというふうに捉えられてしまったこと。
(4) エ
(5) (例)通訳者は韓国では年上の知人を「お兄さん」「お姉さん」と呼ぶという文化を理解した上で、直訳せずに他の正しい言葉に置き換えて訳すべきであった。

解説

(1)「だが」と逆接になっていることに注目する。「だが」以降に書かれている内容と反対の事柄が書かれている文を探す。また、脱文には英語と比べて日本語の曖昧さが書かれているが、日本語について説明されている段落をまず探すのがよいだろう。　(2)通訳者は「感じ取って伝える」のであるから、表面に表れる言葉に隠されたものを感じ取らなければならない。この文章の最後の一文に何を感じ取るべきかが書かれてある。　(3)「逆の効果」であるから、年齢より若いとほめているのに、その反対の意味に伝わってしまったという内容を書く。問題に「わかりやすく」と書かれているので、反対の意味の内容も詳しく書かねばならない。　(4)通訳者は異なる文化を持つ両者の間を取り持つ役割なので、両者をつなぐ役割のエ「懸け橋」となる。ウの「先達」は先輩などの意味。　(5)通訳者は異文化の両者をつなぐ役割をすべきなので、この場合、韓国の文化を理解して正しく通訳すべきであったと筆者は考えている。問題に「具体的に」と書かれているので、例を挙げて書こう。

7 こうばしい日々 (16〜17ページ)

江國香織…一九六四(昭和三九)年〜。東京都生まれ。小説家。一九九二年『こうばしい日々』で坪田譲治文学賞、二〇〇二年『泳ぐのに、安全でも適切でもありません』で山本周五郎賞、二〇〇四年『号泣する準備はできていた』で直木賞受賞。若い読者を中心に、人気のある作家の一人である。

出典…『こうばしい日々』(新潮文庫)から抜粋。アメリカ育ちである「大介」を主人公にその日常をあざやかに綴った小説である。

読解のポイント 人気作家の一人である江國香織の小説です。初期の作品で、現在の人気ぶりの萌芽を感じさせます。

日本で生まれながら二歳からアメリカで暮らす小学生の大介を主人公に、そのガールフレンドであるジル、大介の姉や姉のボーイフレンドであるデイビッド、そして日本びいきのアメリカ人ウィル等が登場人物として挙げられます。主人公大介の目線から書かれていますから、その年齢に合わせて平易な文体となっています。しかしここには、言葉の問題を考える上で重要なテーマが潜んでいます。二歳からアメリカ育ちの大介は、父の方針もあり、家での会話もすべて英語で、日本語を話せません。それに対して姉は十八歳まで日本で暮らしたので、日本語が母語になっています。本問の最後で触れられているように、姉は「二つの文化の間」にいることになります。そのことでアメリカ育ちである大介といくつかの点で衝突することになるわけです。これは単なる兄弟げんかではなくて、二つの言葉、そして言葉は文化と密接に関係していますから、やや大げさに言えば、文化の衝突とも言えます。また、この小説は日本人の作家によって、日本語で書かれています。当たり前のように感じるかもしれませんが、しかし、その主人公は日本語が話せないのです。ですから、この小説の設定が実在していたら、そこではすべて英語が使われることになります。この点もこの小説の隠れたポイントでしょう。今後本章で「翻訳の問題」を考えるとき、改めて立ち返ってこの小説を読み返してみると、考えが深まるかもしれません。ぜひ心に留めておいてください。

解答

漢字
a 転勤 b 寝室 c 飾(って) d 紙 e 不愉快

(1) (例)僕(ダイ)は日本での事を全く覚えていなかったので、血の繋がった姉を初めて見る人に思えたこと。
(例)僕(ダイ)は日本語を、姉は英語を話せなかったので、兄弟げんかもできなかったこと。

(2) (例)デイビッドが僕と姉とを仲直りさせようとしていること。(26字)

(3) 日本食　(4) 東京の伯母さんのみそしる

(5) ア

解説

(1)第一段落の内容を的確にまとめればよい。基本事項を確認する。①九年前、大介が二歳の時、姉以外の家族とアメリカにやって来た。②姉は五年前にアメリカにやってきた。③日本にいたとき、大介は二歳だったので、日本での記憶がなく、アメリカにやって来た姉を兄弟だとは思えなかった。④そのとき姉は英語が話せず、大介は日本語を話せなかったので、コミュニケーションがとれなかった。このうち「変な感じ」なのは③と④の内容である。　(2)前の「マユコと、けんかしてるんだって?」から現在の状況を読み取りたい。　(3)すぐに思い浮かぶのは「みそしる」だが設問の指示に合わない。後の「さしみも、みそしるも、なっとう」から類推する。　(4)「マユコ」の考える「みそしる」とは「コーンやペペロニ」の入っていないみそしるである。それがわかれば解答は容易であろう。　(5)デイビッドの発言から考える。着目点は「日本じゃ、みそしるにコーンやペペロニは入れない」「ママは日本人なのに」「東京の伯母さんはみそしるが上手だ」の三点。ここから「マユコ」が日本にこだわっていることがわかる。そのことをなぜデイビッドが「ナンセンス」と発言したかを考えればよい。

8 翻訳者の姿勢 （18〜19ページ）

村上春樹…一九四九（昭和二四）年〜。京都府生まれ。小説家。一九七九年『風の歌を聴け』でデビュー。主な著書に『羊をめぐる冒険』『ノルウェイの森』『ねじまき鳥クロニクル』『アンダーグラウンド』『海辺のカフカ』『1Q84』など多数。訳書も多く、翻訳家としても活躍する。現代を代表する小説家の一人である。

柴田元幸…一九五四（昭和二九）年〜。東京都生まれ。米文学者・翻訳家・東京大学名誉教授。東京大学文学部卒業。学者としてだけでなく、多くの訳書があり、翻訳家としても活躍する。

出典…『翻訳夜話』（文春新書）〈フォーラム2　テキストがすべて〉から抜粋。

読解のポイント　人気作家にして翻訳家としても活躍する村上春樹と、気鋭の米文学者でもあり、多くの翻訳を手がける柴田元幸の対話形式の文章です。フォーラム参加者の質問に二人が答えるという形式になっています。本問では質問に対する二人の意見が一致しているわけですが、その内容をしっかり押さえる必要があります。すなわち「テキストが一番大事」ということです。当たり前のようですが、翻訳をするにあたり、その物語の背景や作家の個人的なことがらは気になるもののようです。しかし、特に柴田はそのような考え方を否定し、「訳者の仕事というのは、そのテキストを一読者として読んだときの感覚をいかに別の言語に再生するかだから、その紙の上の文字がどう聞こえるかが全てであ」ると主張します。この柴田の発言は本問の内容を考える上でも、設問を答えるにあたっても重要です。

解答

漢字　a こうちく　b しんらつ　c 美談　d 損　e 露呈

(1) （例）テキストを重視する（という方法）（9字）
（例）実際的な調査を行う（という方法）（9字）

(2) ア

(3) （例）全く皮肉っぽいところがないということ。

(4) （例）翻訳者にとってテキストが一番大事なのに、ある翻訳者がそのテキストをその作者が温かい人だという理由で温かく訳し変えたから。

(5) イ　(6) 温かい人

解説

(1)村上の発言、「一つは」と「もう一つは」から二つの方法については容易にわかるであろう。後はそれぞれ直後の言葉をいかに設問の字数にまとめるかが鍵となる。「実際的な調査を行う」は「考証的に割り出す」などとしてもよい。

(2)直前の「全然わけのわからない人の短篇をぽっと訳しちゃったりすることもあります」が、村上の言う二つの方法のどちらにあてはまるかを考える。

(3)ある単語の語頭一字を繰り返すことはその単語を強く否定する意となる。

(4)柴田の発言の最終部分「でもとにかくその、作家が温かい人だから作品も温かく訳すというのはぜんぜん違うと思うんですね」に着目する。設問の「全くまちがっている」内容は「温かい人だから温かく訳す」ことである。そしてなぜそれが「まちがっている」かは柴田の「テキストが大事」という基本的な考え方に反するからである。

(5)文脈から否定的な言葉が入る。候補は、イ「浅い」とウ「薄い」。主語である「テキストの読み込みが」にふさわしいのはどちらかを考える。

(6)直前の「この人が本当は」の「この人」はカーヴァーを指す。前の柴田の発言から「温かくていい人」とある。後は字数に適合するものを探す。

9 日本語の復権 （20〜21ページ）

加賀野井秀一…一九五〇（昭和二五）年〜。高知県生まれ。フランス哲学者・中央大学理工学部教授。中央大学文学部卒業。フランス哲学の研究とともに日本語についての著作を行う。著書のほか、翻訳書も多数。

出典…『日本語の復権』（講談社現代新書）〈序章　あいまいな日本語〉の一節。

読解のポイント　言語とその言語を用いる国民の性格との関わりについて述べられた文章です。最初に、自分とフランス人の友達との会話を例に出し、伝えたい内容によって話す言語を使い分けているという事実を示しています。日本語は表現が曖昧で、それは日本語を話す日本の国民の性格にも影響していると筆者は考えています。
比較的平易な文で、設問もそれほど難しくはありません。言い換えの表現を読み進めていく段階でチェックしておくとよいでしょう。

解答

漢字
a 交錯　b ぼいん　c 響かせる　d 抑制　e 比較的

(1) 双方が、そ〜分けている
(2) (例)私とフランス人の友人との会話において、それぞれが表現する内容によってフランス語と日本語を使い分けているという事実。
(3) (例)おとなしく平板で、あいまいな性格。
(4) 日本人　(5) A イ　B ウ　C オ

解説

(1)「二人ながらに」と「双方が」とが一致し、「二重人格者となり」と「それぞれの国語によって〜使い分けている」という内容が一致する。ここでの「二重人格者」とは、単に二つの人格を持ち合わせているという意味ではない。フランス語で表しやすい拒絶や、日本語で表しやすい依頼など、伝えたい内容と人格とを結びつけている。　(2)「こうした事実」は第一段落〜第三段落の内容を受けており、筆者とその友人のフランス人との会話における事実を指している。「事実」なのであるから、どういう場面においてどういう状況が起きているのかを具体的に書く必要がある。　(3)第四段落・第五段落に日本語を用いる日本人について書かれている。　(4)「同胞」とは「自身と同じ国民や民族などのこと」という意味。　(5)A 相手の注意を「呼び起こす」意味の言葉が入る。　B 自己主張しているのに、「よろしかったら」と消極的な言葉を使ってぼかしていることから考える。　C「ちょっと」という言葉を用いることで、重苦しくなく軽い印象を与えることから考える。

章末問題　永日小品　（22〜23ページ）

夏目漱石…一八六七(慶応三)年〜一九一六(大正五)年。東京都生まれ。小説家・英文学者。本名は夏目金之助。俳号は、愚陀仏。『吾輩は猫である』『三四郎』『こころ』などで知られ、日本を代表する文豪の一人である。
出典…『永日小品』〈懸物〉のほぼ全文。

読解のポイント　最後は漱石の小説で締めくくります。本章の最初の問題で漱石の語彙について学習しました。その実践編が本問です。やや難しい言葉遣いもあるかもしれませんが、「言葉は外にある」と考えていた漱石の文章力を味わってみてください。何気ない表現の中に潜む深さを読み取れれば、力の付いた証拠です。頑張って挑戦してみましょう。

解答

(1) a 工面　b 融通　c ろくしょう　d らっかん　e こうずか
(2) (例)老人が大切にしている家宝に対して倅は全く愛着を感じていないから。
(3) A 骨　B 否
(4) X イ　Y エ
(5) (例)長い年代を経ていること。
(6) (例)懸物が高く売れなかったことを老人がさも倅の責任のように八つ当たりしたから。

解説

(1)緑青＝銅に生える緑色のさび。落款＝書画に作者が署名・捺印すること。またその署名や印。好事家＝風流を好む人。　(2)その懸物に対する老人の強い思い入れを文章全体から読み取ることができる。このことを考え合わせると「恨めしい」のはその懸物に対する思い入れが倅にはなく、「無雑作」という表現からも、彼がそれを貴重なものと考えていないことがわかるからである。　(3)A・Bとも比較的よく使う慣用表現である。　A 骨が折れる＝苦労する、B 〜(する)や否や＝〜(する)とすぐに、という意味である。　(4)倅の家計が苦しいことをまずは押さえる。その上で「ユウズウ」のこの場合の意味を考えると「金銭などの都合をつけること」の意味だとわかる。　(5)直後の「煤竹のような色」などをヒントとする。「王若水の画いた葵」なども参考になる。いずれにしてもその懸物は古い年代物である。　(6)直前の「倅の不徳義のように」に着目すれば、老人が倅に八つ当たりし、それに対して倅が苦笑していることが読み取れる。

第2章　現代社会の諸問題を知る

10 用具から道具へ　(24～25ページ)

佐治晴夫…一九三五(昭和一〇)年～。東京都生まれ。理学博士。玉川大学客員教授、県立宮城大学教授、鈴鹿短期大学学長などを歴任。立教大学、東京大学大学院で基礎数学・理論物理学を学び、東京大学物性研究所、玉川大学客員教授などを経て、現職。宇宙創生の理論、「1／fゆらぎ扇風機」などの開発、NASAのボイジャー計画やE.T.探査計画など、幅広い活躍で知られる。「数理芸術学」を提唱し、パイプオルガン演奏で始まる宇宙論講義は好評。

出典…『読売新聞』(日曜版)〈平成一四年七月二一日掲載〉のほぼ全文。

読解のポイント　第二章は「現代社会の諸問題を知る」というテーマのもと、それらを論じた文章を取り上げます。「現代社会の諸問題」などと言われると身構えてしまいますが、その最初の問題として本問は一読するとやや拍子抜けする内容かもしれません。筆者は現代社会の問題点を声高に指摘することもなければ、自己の考えを押しつけることもしません。おそらく人柄なのでしょう。文体にはのんびりとした雰囲気さえ漂います。しかし、その内容は見かけほどのんびりしたものではありません。「書き味ということよりも、物理的に書くという機能を最優先して、行き着くところは、使い捨てというゴールです」などはまさに「現代社会の諸問題」をいくつも指摘した箇所と言えます。またゼンマイ時計のエピソードは色々と考えさせられます。つまりは、「経済的・効率的であることの問題点」と言えばよいでしょうか。なかなかピンと来ない高校生諸君は、本章の問題を解くことで、「諸問題」の中身を知るように心掛けてください。

解答

漢字　a 誇る　b 弾力　c 魅力　d 対照　e まもう

(1) (例)長い間使わなかった道具を久しぶりに手に取ったから。

(2) (例)用具は機能のみを重視し、道具は機能だけでなく、使い続けることに意味を見出そうとする。

(3) 職人魂

(4) ア　(5) A イ　B ウ　C エ　D ウ

解説

(1)前の「何十年か振りに机の引き出しの奥から…」に着目する。「よそ行きの顔」とは初対面や久し振りに会ったときの取り繕った顔のこと。　(2)設問の指示に従い、まずは解答形式を決定する。基本は「用具は○○○であるが、道具は○○○である。」。後はそれぞれのキーワードを決定する。用具＝機能を最優先、道具＝それを使うこと自体がそのまま〝愛でる〟という感覚、などに着目する。またゼンマイ時計のエピソードも参考になる。ゼンマイ時計＝使用者に合わせた調整。クオーツ時計＝正確な時を無機的に刻み続ける。　(3)この場合の「無機的」の意味は「生命感がなく、乾いて冷たい感じのするさま」である。これと対照的な三字の語句を抜き出す。着目点は「感動しました」。筆者は何に「感動し」たのかを考える。　(4)直後の「人生でいえば」から「あらゆる瞬間」は、人生というスケールに照らされていることが分かる。考えるべき点は二点。①「この相反する性質」とは何を指すか？　②「あらゆる瞬間が意味をもつ」とはどういうことか？　①は前に、②は後に該当箇所がある。つまり、①熟成のプロセスであると同時に終焉のプロセスであること。②それぞれの年代に意味とすばらしさがあること。②を考え合わせることで、①の内容がより明らかになる。　(5)前後の文脈を考え、ふさわしいものを選ぶ。

11 日本辺境論 （26〜27ページ）

内田樹（うちだたつる）…一九五〇（昭和二五）年〜。東京都生まれ。フランス文学者・翻訳家・武道家・神戸女学院大学名誉教授。東京大学文学部卒業。専門はフランス現代思想だが、教育、メディアなど幅広いテーマについて論じている。主な著書に、『街場の現代思想』『先生はえらい』『ためらいの倫理学』など。

出典…『日本辺境論』（新潮新書）〈Ⅲ「機」の思想〉の一節。

読解のポイント 人は生きていく上で常に何かを学んでいます。「学ぶ」ということについての筆者の考えを、現代の教育関係者の意見と比較しながら論は進められていきます。筆者は教育関係者の意見とは反する意見を抱いています。どの点が同意できないのか、本文を読んで捉えましょう。

そして、「学ぶ力」「学びを発動させる力」はどんな状況で生まれるのか、また「学ぶ力」はどんな意味を持つのかを、「先駆的に」という言葉に注目しながら読んでいきましょう。

解答

漢字 a 潜在 b ごい c 構造 d 劣化 e 摘（まれ）

(1) （例）学ぶことの意味や有用性を証明できないにもかかわらず、生きる上で重要であることを先駆的に確信する能力。

(2) ウ (3) 死活 (4) B ウ C ア D エ

(5) （例）有用性のありそうなものだけを学問の対象とし、有用性の確証が得られない場合はそれを学ぶことさえしない態度。

解説

(1)「どうしてよいか」潜在的にわかる能力とは、「先駆的に知る」能力のこと。「学び」における「先駆的に知る」能力を説明する。第二段落に「学び」について詳しく述べられているので、ここをまとめる。 (2)直後の文に教育関係者の考えが書かれている。これに合致するものを選ぶ。**ア**にある「安全な環境」の必要性は直後の文に書かれていない。**イ**は筆者の考え。**エ**は教育関係者の考えとは反対の考えが書かれている。 (3)第二段落一文目に空欄Aの文と同じ内容が書かれている。「先駆的に」「確信」などキーワードとなる言葉を手がかりに探すとよい。 (4)B「衰微」は「勢いが衰えて弱くなること」という意味。報酬の確証がないと学ばない子どもの説明をしている。C「いい加減にほうっておくこと」という意味の「閑却」が入る。D目的語が「知る力」なので、**イ**の「増加」は不適切。**エ**の「発達」が言葉の用法としてふさわしい。

(5)「値札」とは「勉強することの価値・有用性」の比喩。「有用性の確証」がない学問は「無視」するのであるから、「学ぶことさえしない」という意味になる。

12 ナイフ （28〜29ページ）

重松清（しげまつきよし）…一九六三（昭和三八）年〜。岡山県生まれ。小説家。出版社勤務を経てフリーライターに。田村章（あきら）他数々のペンネームを持つスーパーライターとして活躍。一九九一年『ビフォア・ラン』で作家デビュー。一九九八年『定年ゴジラ』が直木賞候補に。一九九九年『ナイフ』が坪田譲治文学賞受賞。『見張り塔から ずっと』に続き、同作品は山本周五郎賞候補ともなった。『エイジ』で一九九九年、山本周五郎賞受賞。『ビタミンF』で第一二四回（二〇〇〇年下半期）直木賞を受賞。二〇一〇年『十字架』で吉川英治文学賞受賞。

出典…『ナイフ』（新潮社）から抜粋。

読解のポイント 現代社会の家族関係の問題を描き続ける小説家、重松清の出世作となった作品からの出題です。この短い引用部分からこの小説の全体像を理解することは不可能ですが、登場人物のおおよその人間関係や人間像は推測できそうです。内容を押さえておきましょう。

息子（真司）の事（いじめ）で担任の教師に相談に行った妻であったが、不調に終わる。夫である私の前で、息子に聞かれぬよう嗚咽（おえつ）を抑えて「どうすればいいの」と言いながら泣く妻。それに対して何も答えられずウイスキーを飲みつづける私。これらの内容から、わかることを箇条書きにしてみると①息子は学校でいじめにあっているらしいこと、②担任の教師は事態をきちんと把握していないこと、③妻の息子に対する心配は深刻で、私には解決方法はなく、息子を含め、家族間には溝があると推測できること、となりそうです。特に③は「(息子の)真司に聞かれないよう」や「私には、なにも答えられない」から想像できることは少なくありません。また担任教師とのやりとりの場面の「妻」の心情を把握することも重要になるでしょう。

解答

漢字　a 介入　b 理屈　c 正論　d 逃避　e 大粒

(1) A いじめ　B 先輩

(2) ① **エ**　② **イ**

(3) (例)「いじめ」の事を相談に行ったが担任の教師はその状況を正確に把握しておらず、自ら介入して解決しようとする気がないことが妻にはわかったから。

(4) (例)同級生との人間関係の憂さを後輩をしごくことで晴らしていること。

(5) (例)「いじめ」のことを相談に行ったのに、担任はそのことに無理解であるばかりでなく、逆に息子の問題点を指摘されたことに対する妻のささやかな反発。

解説

(1) Aは後に続く担任の発言内容から、何が話題になっているか理解は容易であろう。Aの言い換えとして「いたずら」となることもヒントとなる。Bは十四行目の会話文に着目すること。　(2) いずれも基本語彙の問題。文脈からも容易に判断できるだろう。　(3)「いじめ」を相談に行ったのに、息子の担任の教師から「いじめ」を「いたずら」と断定されてしまった妻の心情を想像してみる。文脈から少なくとも担任の教師は全く深刻に捉えておらず、介入して解決しようという意思はない。妻は担任教師に食い下がるだけ無駄であるという無力感にとらわれたのである。　(4) 担任の発言から押さえるべき点は二点。①真司が部の後輩をしごいている、②設問直前の「お母さんのお話をうかがって」の内容。お母さんの話＝同級生にいじめられていることだと推測できるので、担任の教師は①の理由を②に求めているのである。　(5)「いじめ」を「いたずら」と言い換えられて失望しただけでなく、逆に根拠のない問題点を指摘された妻の唖然とした気持ちを理解したい。

13 若者の法則　(30〜31ページ)

香山リカ…一九六〇(昭和三五)年〜。北海道生まれ。精神科医。神戸芸術工科大学大学院特別教授、帝塚山学院大学教授、立教大学教授などを歴任。東京医科大学卒業。学生時代より雑誌などに寄稿。その後も臨床経験を生かして、新聞、雑誌で社会批評、文化批評などを手がけ、現代人の心の病について洞察を続ける。専門は精神病理学だが、テレビゲームなどのサブカルチャーにも関心を持つ。若者文化や若者論を中心に著書多数。

出典…『若者の法則』(岩波新書)〈6「いつかはリスペクトしたい、されたい」の法則〉からの一節。本書は精神科医である筆者が、若者の行動や発言を大まかに六つの法則に従いながら読み解いていったものである。

読解のポイント　筆者の思考の流れをしっかり押さえながら読み進めたい文章です。筆者はまず「大人」を「ケンゼンな大人」「ややゆがんだ大人」「大人とは言えない人たち」と定義して論を進めていきます。その上で「迷える大人の存在」を認めつつ、「そのしわ寄せが若者に行くことはあってはならない」と主張します。さらに、「しっかり自己決定できる若者に重要なポストを与えるといったエイダンを、企業や役所もどんどんすべきだと思う。」と提言しています。このような筆者の文脈をしっかり押さえた上で、設問に臨みたいところです。

解答

漢字　a 使命　b 健全　c 依存　d しゅんじゅん　e 英断

(1) 忘れてしまっている。

(2) 否定

(3) しっかり自己決定できる若者(13字)

(4) だれか教えて

(5) (例)自分の人生の決定を他人に依存している人を「大人とは言

えない人たち」と定義した場合、年齢は関係ないから。

(6) Cウ　Dイ　Eウ

解説

(1)「子どもっぽい大人」の話題であるので、該当する段落は限られる（第三段落～第五段落）。また第五段落には「そうやって迷うのは自由だが、そのしわ寄せが若者に行くことはあってはならない」とその内容が繰り返され確認されているので、これより前の部分に入ることがわかる。　(2)最初に思い浮かぶのは「自己嫌悪」かもしれない。内容的には矛盾しないが、第五段落に「自己決定」という語があるので、これと対応する語である「自己否定」を選択する。　(3)「プロ意識」の内容を考える。前の「大人」の内容とは正反対になることを押さえる。　(4)直後の「他人にイゾンしている」に着目する。　(5)筆者は冒頭で「いったい、だれが大人でだれが若者なのか。その区別はとてもむずかしい」と言っている。それは、「思春期の病理を抱える大人」がいる一方で「プロ意識を持った子ども」が存在するからである。つまり、「年齢」という基準で大人と若者を区別できないという筆者の考えを押さえる。　(6)いずれも段落の冒頭部に入る語なので、段落間の関係を考える。Cは直前に「もちろんその場合、年齢は関係ない」とあり、「もちろん」が続くことになり、段落間の関係は「添加」である。Dは前段落との関係は「逆接」だと理解できる（前＝若者の特権、後＝（その特権を）大人たちが使っている）。Eの前後の段落の関係は「逆接」でも矛盾しないが、選択肢にないので、「添加」であるとわかる。

14 思考の整理学　（32～33ページ）

外山滋比古（とやましげひこ）…一九二三（大正一二）年～二〇二〇（令和二）年。愛知県生まれ。英文学者・文学博士・評論家・お茶の水女子大学名誉教授。東京文理科大学（現筑波大学）文学部卒業。専門は英文学だが、言語学、教育論、ジャーナリズム論など、研究は多岐にわたる。『ことわざの論理』『知的生活習慣』『忘却の力　創造の再発見』など著書多数。

出典…『思考の整理学』（ちくま文庫）〈グライダー〉の一節。滋賀県立大学の入試問題として出題されたものの一部を改訂したものである。

読解のポイント　軽妙な文体のエッセーに定評のある筆者の代表作の一つであり、一九八三年の刊行以来のロングセラーである著書からの一節。思考をのびのびと飛行させるためにはどうすればよいかについて筆者の体験をもとに述べており、「東大・京大で一番読まれた本」としても広く知られています。

本文では、「グライダー」と「飛行機」、さらに、「花」「根」「枝葉」という比喩によって、知識の種類やその活用の仕方についての筆者の考えが述べられています。これらの比喩によって表される内容を具体的に捉えることが何よりも重要になります。

解答

漢字　a 錯覚　b かびん　c 欧米　d おこた（って）　e ちょうほう

(1)（例）基本的な知識を持たずに自分でものごとを発明、発見しようとしても、失敗するということ。

(2) ア　(3) Aイ　Bア　Cイ　Dイ　Eイ

(4)（例）明治以来、日本では欧米の知識が盛んに取り入れられたが、受動的に取り入れていただけでその本質への理解を欠いていたため、欧米と同等のものさえ得ることは難しかったから。

(5) イ

解説

(1)直前の「グライダー能力をまったく欠いて」いることについての考察に着目する。受動的に知識を得る能力もないと、基本的な知識が習得できない。その状態で飛ぼうとする（自分でものごとを発明、発見しようとする）と、事故になる（失敗する）と、筆者は指摘している。　(2)「優秀な」「翔べる」に「〃」がつけられていることに注目。グライダー能力だけに優れた人は世間では「優秀」だと言われるが、筆者はそうは認めていない、という意図が読み取れる。このような人間は与えられた知識は吸収できるがそこから自分で発明、発見はできない。そんな人間でも、世間では、「優秀」で「翔べる（自分でものごとを発明、発見できる)」と評価されるのである。　(3)まず、AとB　は対比されていることから、別の言葉が入ると考えられる。従来の学校教育で重視されるのは、前の段落の内容から「グライダー能力」であるとわかる。よって、Aは「グライダー」、Bは「飛行機」。Cは「ますます……ふやす」とあることから、これまでの流れに沿って「グライダー」が増えるということである。Dは、Cの結果お互いに「グライダー」人間になるということ。また、Eはその結果、自分たちの欠点を忘れてしまうということで「グライダー」が入る。　(4)傍線部③の直後に「〜わけである」とあるように、直前で比喩を用いて説明されている内容がふまえられている。「多くは花の咲いている枝を切ってもってきたにすぎない」とあるように、「根(=本質)」を欠いた表層的な取り入れ方だった点が批判的に述べられている。このような日本における欧米の知識受容のあり方を象徴するのが「翻訳文化」であると筆者は捉えている。　(5)「グライダー人間をすっかりやめてしまうわけにはいかない」と言っているのだから、グライダー人間でありつつ、エンジンを搭載する(飛行機人間の能力も兼ね備える)道を模索するべきだ、ということである。

15 情報化社会の問題 (34〜35ページ)

小原信(おはらしん)…一九三六(昭和一一)年〜。兵庫県生まれ。青山学院大学名誉教授。国際基督教大学教養学部卒業。倫理学、現代思想専攻。

出典…『iモード社会の「われとわれわれ」』(中公叢書)〈第一章　情報化社会のパーソナル化〝市民宗教の殉教者〟〉の一節。

読解のポイント　日本は高度に発達した情報化社会です。私たちはそこに様々なものを求め、得た情報を享受していると考えがちです。しかし本問の筆者は、「『情報の洪水』という名の新しい焚書に直面している」と指摘します。つまり、情報機器の質と量の充実は、個々の人間の能力を超えた情報量をもたらすと同時に、次々と過去の情報を時代遅れとして、保存されるべき情報までもが失われている結果になっているというのです。この筆者の指摘を押さえた上で、最終段落での筆者のいくつかの提言を理解して、設問に臨みたいところです。

解答

漢字　a 思索　b こんせき　c 先端　d しゃだん　e 保障

(1) ウ　(2) A 鼻　B 熟　C 音　D 根　E 帳

(3) (例)今を大切にいとおしみつつ生きることもなく、古いものの価値がどんどん失われている現代社会の状況のこと。

(4) イ

解説

(1)語句の意味をきちんと理解できるかが鍵。「情報の洪水」=情報が溢(あふ)れていること。「焚書」=書物を燃やすこと。つまり、「情報が溢れる事で書物を燃やす」とはどういう意味かを全体の文脈の中で考える。　(2)それぞれ基本語彙の問題である。Cは「音をあげる」=困難に耐えきれず弱音を吐く、Dは「根づく」=定着すること。Aは一般に「鼻もかけない」と否定形で使われる。全く関心を示さない意。　(3)「この」の内容は前の第三段落だけでなく、第二段落の内容も指すことに注意すること。それぞれの段落の着目すべき表現は、第二段落が「いまを、大切にいとおしみつつ生きることの意味など知らされないまま」、第三段落が「機能がよくなるたびに使い捨てにするのは、ソフトや機器類だけではない」。このような現代社会の状況を「闇」と表現していることを押さえる。　(4)文脈を捉えていればそれほど難しくない。第一段落の内容も参考になるだろう。アの内容は直接には触れられていない。ウは「歴史観」については全く記述なし。エ・オは「手書きの良さ」そのものや、その「癖」を取り上げているわけではない。

16 からだ・いのちはだれのものか (36〜37ページ)

鷲田清一(わしだきよかず)…一九四九(昭和二四)年〜。京都府生まれ。哲学者・大阪大学文学部教授・二〇〇七年より同大学総長。二〇一一年退職、名誉教授。京都大学文学部卒業。専攻は哲学・倫理学。著書に『モードの迷宮』『夢のもつれ』『最後のモード』『ちぐはぐな身体—ファッションって何?』『人称と行為』『じぶん・この不思議な存在』『メルロ＝ポンティ―可逆性』『普通をだれも教えてくれない』『現代思想の源流（共著）』『現象学事典（共編）』、学術文庫に『現象学の視線―分散する理性』がある。

出典…『死なないでいる理由』（小学館）〈いのちはだれのものか?〉の一節。本書は都市やファッションなどの評論から文学論まで新聞・雑誌などで幅広い発言を続けている哲学者の現代文明批評である。現代人の特徴である、「いのち」の根っこの弱さ、寂しさ、壊れやすさの理由を都市生活の中から考える。

読解のポイント　本問の筆者は様々な分野で積極的に発言を続ける気鋭の哲学者である鷲田清一氏です。この筆者の文章は多くの現代文の教科書に採用されているので、その名を知っている人も少なくないでしょう。また、近年の入試問題においてその文章が多く取り上げられています。

　さて、本問での文章は「いのち」の問題が取り上げられ、それに対する考察は筆者の思想のベースとなるものであると考えられます。特に最終段落の内容をきちんと理解した上で、設問に臨みたいところです。

解答

漢字　a 診断　b 是非　c 核　d 譲渡　e ひご

(1) 基本

(2) (例)自分の生命や身体は自分のものであるので、どう処分しようと本人の自由であること。

(3) あ×　い○　う○　え×　お×　(4) イ

(5) (例)人は他人との関係の中で生きているので、人の命は自分のものであると同時にその人に関わる人のものである。(50字)

解説

(1)常識問題。　(2)「論理」は設問部よりも前でも説明されているが、後の「というわけである」よりも前の部分がその内容となる。該当部分の語句を使うとまとめやすいだろう。　(3)設問の主旨をきちんと理解すること。「広く『身とか『身柄』」とは「単なる肉体的で、具体的な身体ではなく、『立場』『身分』などの抽象的で広い意味の身体のこと」である。それが押さえられれば、容易であろう。　(4)「このずれ」とは第二段落と第三段落の内容の「ずれ」であることを押さえること。　(5)第五段落に筆者の考え方が述べられている。押さえるべき表現は「その生命を生きる者（＝じぶん）、その生命に与かるひとびとのものでもあるのだ」で、ここが解答のベースとなる。

17 「科学」からこぼれ落ちる「生物多様性」 (38〜39ページ)

酒井章子（さかいしょうこ）…一九七一（昭和四六）年〜。千葉県生まれ。理学博士・京都大学生態学研究センター教授。京都大学理学部卒業。二〇〇一年日本生態学会宮地賞受賞。

出典…『「科学」からこぼれ落ちる「生物多様性」』（『世界思想』37号　二〇一〇年四月一日掲載）の一節。

読解のポイント　「生物多様性」とは生態系・生物群系または地球全体に、多様な生物が存在していることを指します。最近では自然環境の破壊により、「生物多様性」が失われつつあると言われることが多くあります。そこから、「生物多様性の保全」が叫ばれるようになりました。

　しかし、「生物多様性」はなぜ失われてはいけないのか、という問いに対して、明確な答えはないと筆者は考えています。「生物への嗜好（しこう）」という理由にはあまり触れられずに、他のわかりやすい例だけが取り上げられることに筆者は疑問を抱いていることを全体から読み取りましょう。

解答

漢字　a 装身具　b 興奮　c 言及　d 遺伝子　e 該当

(1) A イ　B ウ

(2) X 嗜好　Y 本能的な性質　Z わかりやすい

(3) Ⅰ (例)生物多様性がなくなることによって起こる人間の生存の危機や、経済問題を避けるため。

(4) Ⅱ (例)生物多様性に対する人々の楽しみや喜びをなくさないため。

あ× い○ う○ え×

解説

(1)A 第二段落は生き物以外の多様性への嗜好について述べ、第三段落で話題転換し、生き物の多様性の嗜好について述べている。 B 第三段落に書かれている生き物の多様性の嗜好に対して、それを重要視せず違う見解があることを第四段落で示している。 (2)「このこと」は第四段落を指しているのでこの段落の意味をまず捉える。第五段落では食べ物のたとえ話を用いて、「本来の理由を無視し、数字などわかりやすいものによって説明していることへの違和感」を説明している。第四段落・第五段落の内容を理解した上で、適切な言葉を探し出そう。 (3)第四段落に書かれている生物多様性を守る理由についての二つの意見をまとめ直す。 (4)ⓐトキなどと共に絶滅してしまった生物に関しては文中では触れられているが、生態系に大きく影響を与えていないとしている。 ⓘ第六段落に同じ内容が書かれている。 ⓤトキなどの生態系での役割については傍線部③の直後の文で認めている。しかしその次の文で、「生態系が崩壊しているということはない」と書かれている。 ⓔ大型動物が種子を散布したりする役割を果たしていることを、認識しているかしていないかは、筆者は問題にしていない。

18 修業論 (40〜41ページ)

内田樹(うちだたつる)…一九五〇(昭和二五)年〜。東京都生まれ。フランス文学者・翻訳家・武道家・神戸女学院大学名誉教授。東京大学文学部卒業。専門はフランス現代思想だが、教育、メディアなど幅広いテーマについて論じている。主な著書に、『街場の現代思想』『先生はえらい』『ためらいの倫理学』など。

出典…『修業論』(光文社新書)〈Ⅰ 修業論—合気道私見 第一章 修業とはなにか〉の一節。北海学園大学の入試問題として出題されたものの一部を改訂したものである。

読解のポイント 筆者が長年鍛錬を続けてきた合気道の経験をもとに、修業によって開発される「生き延びる力」について考察し、そこから信仰や生きることについて論じた文章です。

筆者は〝武術の稽古を通じて私たちが開発しようとしている潜在能力がどういうものであるか〟という問いを提示した上で、〝臂力(ひりょく)にまさる個人が恐怖や暴力・利益誘導によって統合した脆い集団〟と〝百人、千人の兵士を「手足のように」動かすことのできる人が率いる集団〟とを対比し、「他者と共生する技術」「他者と同化する技術」の重要性を指摘しています。このような技術を錬磨するために、合気道の修業がどのような意義を持つのかについて、筆者の考えを読み取りましょう。

解答

漢字 a 潜在 b 屈服 c がかい d 無慈悲 e れんま

(1) イ

(2) (例)恐怖や暴力や利益誘導によって無理に統合された集団では、各人の主体的意思もなければ、仲間と完全な同化をしてもいないため、別種の恐怖や暴力や利益誘導によって簡単に壊れてしまうから。

(3) ウ

(4) (例)「他者と共生する技術」、「他者と同化する技術」を専一的に錬磨するための訓練の体系。

解説

(1)イのような集団は、傍線部①の力を持つ集団には拮抗できないことが、第六段落に書かれている。 (2)前段落の内容を捉える。衆人を恐怖、暴力、利益誘導によって統合した集団は、別種の恐怖、暴力、利益誘導によって簡単に壊れてしまう。こうした集団と「多数の人が……身体を構築しているかのような集団」との違いをふまえて説明する。指定語句から、各人の「主体的意思」の有無と「完全な同化を達成した」かどうかについて押さえること。 (3)「愛と和合」から連想される言葉とはどのようなものかを考える。「きわめて精緻に構成された技術の体系」と対比されていることもヒントになる。　(4)筆者は「愛と和合の武道」である合気道が「その技術(＝「他者と共生する技術」、「他者と同化する技術」)を専一的に錬磨するための訓練の体系」であると指摘しているので、この内容をまとめる。

章末問題　術語集Ⅱ　〈42〜43ページ〉

中村雄二郎(なかむらゆうじろう)…一九二五(大正一四)年〜二〇一七年(平成二九)年。東京都生まれ。哲学者・明治大学名誉教授。東京大学文学部卒業。専門は西洋哲学を基点とした現代思想。岩波書店の出版する総合学術雑誌『へるめす』で活躍した。主な著書に『悪の哲学ノート』『魔女ランダ考』『近代市民の倫理と行動様式』など。

出典…『術語集Ⅱ』(岩波新書)〈19　情報ネットワーク社会〉の一節。東京都立大学の二〇二〇年前期日程の入試問題として出題されたものの一部を改訂したものである。

読解のポイント　ベストセラーとなった『術語集―気になることば』に続く第二弾。「悪」「アフォーダンス」「オリエンタリズム」など、現代を読み解いていくためのキーワードをもとに、概念を明晰化して現代思想の本質を捉えています。

筆者は、情報ネットワーク社会における人間や社会のあり方について考察しています。情報ネットワーク社会は、個々人の可能性を開く一方で、人間をこれまでにはなかったような問題にさらす危険性ももっています。これらをふまえて、筆者がどのような社会のあり方を提唱しているのか、考えを読み取っていきましょう。「ネチズン」「コモンセンス形成」などのキーワードの内容を正しく理解する力も求められます。

解答

(1) a 拘束　b はんらん　c 相互　d 点検　e どんま
(2) ウ
(3) (例)情報ネットワーク社会の本格化によって、情報的に個々人が他者や世界に対して開かれ、選択の自由が大きくなること。
(4) エ　(5) イ
(6) (例)ネットワークを使用する際、とりわけオンラインでの守るべき基本的諸ルールを確認するとともに、市民社会での基本的諸ルールを確認すること。

解説

(2)「コモンセンス」は「常識・良識」の意味。ちなみに筆者は著書「共通感覚論」の中で、「コモンセンス」と「共通感覚」の結びつきについて述べ、コモンセンスの重要性について論じている。　(3)「その可能性」の指し示す内容を捉える。前の段落の「個々人一人ひとりにとっての選択の自由がきわめて大きくなること」を指すので、どうなるとそうなるのかについて説明を補って記述する。　(4)直前に「かえって」とあることから、その前の「個々人の可能性を開く」と対比されていることがわかる。「個々人」と、「統一された」「共通の」が対立している。また、後にある「なにも彼ら……ありうる」もヒントになる。　(5)傍線部を含む文の冒頭に「だから」とあるため、その直前の議論を根拠として傍線部の主張をしていると考えられる。そこで論じられているように、情報ネットワークでは、使われ方次第で個々人の選択の自由が大きくなるどころか、むしろ「統一された或る意思決定や共通の感情」が押しつけられるおそれがある。こうした危険性があるため、「個々人の立場は……尊重されなければならない」と筆者は主張している。　(6)「ネチズン」は情報ネットワーク社会のなかでのあるべき市民の姿を指す。最終段落では情報ネットワーク社会でのあり方として「ネチケット」、つまり「とりわけオンラインでの守るべき基本的諸ルール」と、「これまでの市民社会での基本的諸ルール」の両方を守ることを提唱しているので、これをまとめる。

19 こころの作法 (44〜45ページ)

山折哲雄（やまおりてつお）…一九三一（昭和六）年〜。サンフランシスコ生まれ。宗教学者・評論家。国際日本文化研究センター名誉教授、国立歴史民俗博物館名誉教授などを歴任。東北大学文学部卒業。『「ひとり」の哲学』『悪と往生―親鸞（しんらん）を裏切る「歎異抄（たんにしょう）」』など著書多数。

出典…『こころの作法―生への構え、死への構え』（中公新書）〈第一章 こころの原風景 消えゆく短調のメロディー〉の一節。

読解のポイント 筆者の思い出や記憶をもとに、現代の日本人が揺るぎないこころを持つための作法について書かれたエッセイ集の一節です。

筆者は、日本の伝統的な短調の子守唄が私たちの耳に届かなくなった現状を指摘し、こうした子守唄が西洋の楽しさや安らぎに満ちた曲に取って代わった背景について考察しています。さらに、ここに見られるような短調のメロディーを排除する風潮が、日本人の感性の大切な部分を失わせ、他人のこころの痛みや悲しみに鈍感な社会を作り出しているのではないかと警鐘を鳴らしています。

本文では、筆者の危惧していることが現実になった例として「中学生たちが浮浪者を襲って殺す事件」「江崎グリコ事件」が挙げられています。他にも「人の悲しみに共感し涙するこころまでが枯れ果ててしまった」社会が生み出す問題がないか、具体的な事件と重ね合わせながら考えてみるとよいでしょう。

解答

漢字 a ふろうしゃ b ひあい c じんじょう d 雰囲気 e 路線

(1) B

(2) (例)朝から夜まで民放テレビで流れているコマーシャル・サウンドに、短調のメロディーがないこと。

(3) 雲泥

(4) ア

(5) (例)日本が近代化を進める過程で、貧困と差別にあえいでいた暗い時代の記憶を否定し、のり越えようとしたことは無理のないことであり、一概に責めることはできない（という考え）。

(6) (例)他人のこころの痛みや悲しみに共感して涙するようなこころを失うこと。

解説

(1)短調を排除して感性を失ったという内容が直前にあるのはBの部分。「（短調の）旋律を忘れた社会というのは……こころの痛みや悲しみに鈍感になっている社会」が、同じ内容を説明している。(2)前段落で、藤原新也氏による仮説として挙げられている意見であり、筆者も有意な指摘であると考えていることが読み取れる。(3)「雲泥の差」が入る。空にある雲と地にある泥のように、大きな隔たりがあることを意味する。(4)これまでの部分で、日本の子守唄と、シューベルトやブラームスの子守唄との違いが指摘されている。前者が「貧困と差別にあえいでいた子守娘」のための悲哀の旋律であったのに対し、後者は「西欧中産階級の幸福な家庭と優しい母の姿が描きだされ、楽しい眠りと安らぎの雰囲気が立ち上っている」ものである。文明化、西洋化は、こうした日本の子守唄に象徴される貧困と差別を脱して、豊かで幸福な西欧中産階級を目指そうとするものである。(5)「いったい誰が否定できるというのだろう」「いったい誰が責められよう」と、反語的な表現を用いている。ここには「否定できない」「誰も責められない」という筆者の思いがこめられている。(6)筆者の予測する「とり返しのつかないところ」について、文脈に沿ってまとめる。短調のメロディーを忘れた人、つまり「貧困と差別にあえいでいた」「暗い時代の記憶を否定し、のり越え」ようとした「われわれ」が、「他人のこころの痛みや悲しみに鈍感に」なり、「共感し涙するこころまでが枯れはてて」しまうのではないかと筆者は危惧している。

20 持たないという豊かさ （46～47ページ）

原研哉（はらけんや）…一九五八（昭和三三）年～。岡山県生まれ。グラフィックデザイナー。武蔵野美術大学教授。講談社出版文化賞、サントリー学芸賞など多数受賞。

出典…『持たないという豊かさ』（『図書』二〇一〇年七月号掲載）〈欲望のエデュケーション11〉の一節。

読解のポイント 現代の日本はものにあふれています。その状況を筆者は「どこかで道を間違えてしまった」と問題視しています。必要かどうかを見極めることもなく、ただものを買ってそれで満足している日本人の「心の闇」を筆者は感じ取り、これから私たち日本人はどういう行動をとるべきかを最終段落で示唆しています。

筆者が「もったいない」と感じているのは、ものを捨てることではなく、一つの商品には出来上がって売られていくまでのプロセスがあるにもかかわらず、それ相応の扱いを受けていないことに「もったいない」と感じているのです。その筆者の考えをしっかりと捉えましょう。また、「唖然（あぜん）とした」「あきれる」「虚しい」と筆者の感情を表す言葉が出てきます。どういう事柄に対してそう感じるのか、なぜそう感じるのかをその都度チェックしましょう。

解答

漢字 a 鮮明 b 採掘 c 実施 d 濁（り） e 許容

(1) ものの生産と消費の不毛な結末

(2) (例)ものには生産・市場・流通の過程があり、それに多大なエネルギーが費やされるにも関わらず、出来上がった物品が生活の中で特に必要ないものとなっているから。

(3) A **エ** B **ア** C **ウ**

(4) ㋐× ㋑○ ㋒× ㋓○

(5) (例)廃棄の局面でのみ「もったいない」と感じるのでは遅く、むしろ廃棄を前提に生産されることが無駄で無意味だと考えるから。

解説

(1)写真で見た日本人の家族写真の状態を、「別の言い方をするならば、」と言い換えている。 (2)「虚しい」理由は第二段落に書かれているので、その内容をまとめる。三つの過程（プロセス）「生産・市場（マーケティング・市場調査）・流通」に費やした労力が無駄になっている点を書く。 (3)A ものであふれる日本の理由を前の文と後の文に並べている。 B 過剰なる製品供給を頼もしく見えることが原因で、その結果異常なる量に鈍感になる。C 前の段落の内容を受けて、それに反する意見を述べている。 (4)「幸福を計る目盛り」が狂った状態とは、過剰にものを買い込むことで幸福感が得られるという状態。㋐は過剰な商品供給や、ものを買い込むこととは関係がない。㋒は「吟味して」買っているのであてはまらない。 (5)傍線部④の前後の文と、最後の一文をまとめる。最後の一文に書かれた、筆者が考える「もったいない」ことを捉える。

21 翻訳の勧め （48～49ページ）

加藤周一（かとうしゅういち）…一九一九（大正八）年～二〇〇八（平成二〇）年。東京都生まれ。医師・作家・評論家。学生時代から文学に関心を寄せ、大学時代に医学を学ぶ傍ら「マチネ・ポエティク」の一員として韻律を持った日本語詩を発表、他に文学に関する評論、小説を執筆。『雑種文化―日本の小さな希望』で名を知られ、『読書術』はベストセラーになる。一九五一年からは、医学留学生としてフランスに渡り、主に文明批評を発表。以後、国内外の大学で教鞭（きょうべん）をとりながら執筆活動を続けた。主な著書に、『日本文学史序説』『日本文化における時間と空間』など。

出典…『夕陽妄語Ⅳ』（朝日新聞出版）〈翻訳の勧め〉の一節。本書は歴史のはざまで思索する異国の空に死を想い、現代政治の混迷に鋭い分析を加えた、朝日新聞夕刊に連載された、定評あるエッセイ集である。筆者の豊富な知識をバックに冷静でありながら、平易な文体で、現代文明の問題点を明らかにする。高校生にも強く一読を勧めるシリーズである。

読解のポイント 翻訳についての文章です。すでに第二章において「翻訳」についての問題をいくつか解いてきました。しかし、本問では本章のテーマに基づく新たな視点を扱います。それは筆者の言葉を借りれば、「自分の言葉で考え」るということです。本問では省略した後に続く文章の中で、自分の言葉に「翻訳」することの重要性を説いています。そのことを押さえた上で、本問の前半で、筆者の説明する「翻訳」の内容を理解できるかが設問に答える鍵(かぎ)となるでしょう。

解答

漢字 a 過程　b 距離　c 接触　d 採用　e 精通

(1) エ　(2) Ⓐ○　Ⓘ×　Ⓤ×　Ⓔ○

(3) ウ

(4) (例)吉川教授は中国語の原文に中国人と同じように精通していたので翻訳の必要がないから。

(5) 自分の思考の枠組みをもつことを意味する(19字)

解説

(1)「同時的および通時的な訳」の例として『カンタベリ物語』を日本人が理解する場合の例が挙げられていることを押さえる。その際「時間空間的なキョリ」という表現に着目すること。　(2)直前のキーワードに着目する。つまり「とり入れ」「位置づけ」「関係づける」。その上で設問の語句が合致するか考える。Ⓘは「とり除く」が合致しない。Ⓤは「組み変える」が合致しない。　(3)傍線部の前後の内容から「文化＝体系＝枠組み」と理解する。　(4)まずは筆者の言う翻訳の定義「異文化を自己の枠組みのなかで定義しなおすこと」を改めて確認する。そして吉川教授の研究が「翻訳と関係がない」のは、「定義しなおす」必要がなかったと考える。その上で、なぜ必要がなかったかを文脈中で理解したい。　(5)直前の「そもそも個性が成りたつのは、同じ社会と文化のなかで、思考の枠組みが人によってちがうからである」に着目し、「個性のちがい＝思考の枠組みのちがい」と理解した上で、設問に臨みたい。

22 埋もれた日本 (50～51ページ)

和辻哲郎(てつろう)…一八八九(明治二二)年～一九六〇(昭和三五)年。兵庫県生まれ。哲学者・日本思想史家。東京帝国大学文科大学哲学科卒業。ニーチェなど、西洋哲学の研究から出発した。しだいに日本文化史に深い関心を寄せるようになった。その研究の体系は和辻倫理学と呼ばれ、今も研究されている。主な著書に『古寺巡礼』『風土―人間的考察』『鎖国』『人間の学としての倫理学』など。

出典…『埋もれた日本』(新潮文庫)〈第一部　新しい様式の創造〉の一節。国士舘大学の入試問題として出題されたものの一部を改訂した。

読解のポイント 筆者は日本を代表する哲学者の一人であり、センター試験倫理でもしばしば出題されています。本文は一九五一年に発売されたものですが、簡潔で明晰な文体や、日本画の問題の本質を鋭く捉えた彼の主張から感じる印象は、そうと知らなければごく近年に書かれたものだと聞かされても全く違和感はないでしょう。洋画と日本画についての考察という範疇(はんちゅう)を超えて、日本の芸術のあり方、ひいては日本の文化のあり方についても、改めて考えさせられる内容となっています。筆者が考える日本画のあるべき姿について、日本画が洋画に与えた影響と比較しつつ、読み取っていきましょう。

解答

漢字 a 大勢　b 純粋　c 影響　d すいこう　e た(えない)

(1) (例)合理主義的法則的な建築様式である西洋の様式には、不規則な気合の統一である日本画の様式は通用せず、両者は調和しないから。

(2) イ

(3) (例)洋画とは伝統の異なる日本画という様式に刺激されて、新しい様式を生み出したという印象。

(4) エ

(5) 洋画…(例)日本画の伝統から示唆を受け、その刺激をもとに新たな様式を生み出すことに努める。

日本画…(例)洋画の伝統から示唆を受け、持続的な展観に堪えるといった公共的性格を回復する。

解説

(1)「滑稽」とはおかしく、ばかばかしいこと。西洋画と日本画とはもともとの様式が違うため、無理に結びつけようとしてもけっして調和せず、ちぐはぐなものになるのである。筆者はこのような「混合美術」と、両者が「天啓的な示唆」によって結びついた「新しい様式の創造」とを、区別して論じている。
(2)本来はその様式特有の伝統を理解し、純粋にその伝統を発展させることが望ましいが、美術家はそこを脱却して新しい様式を創造しようとするのである。
(3)前段落で述べたマネーの絵に見られる浮世絵の影響と、同じような印象である。　(4)Aを含む一文は、後の「法隆寺の壁画」や「桃山時代の豪華な宮殿の障壁」の例と比較されている。古い時代の日本画は、公共的性格があったために持続的な展観に堪えるものだった。しかし、それ以降はAが盛んであったため、持続的な展観に堪えない色彩や画布になっていると、筆者は指摘している。よって、Aには「公共的性格」や「公共性」と反対の内容の言葉が入る。
(5)どちらもお互いの伝統から示唆を得ることが求められるが、日本画では特に公共的性格を回復するために、洋画の伝統からの示唆が求められている。

23 日本文化私観 (52〜53ページ)

坂口安吾(さかぐちあんご)…一九〇六(明治三九)年〜一九五五(昭和三〇)年。新潟県生まれ。小説家・エッセイスト。純文学のみならず、推理小説、文芸エッセイまで、幅広く活動。代表作に『白痴』『堕落論』など。

出典…『日本文化私観』(一「日本的」ということ)から抜粋。

読解のポイント　『白痴』などの名作を書いた坂口安吾ですが、小説以上に多くのエッセイが高い評価を受けています。本問はその中の一つである『日本文化私観』からの出題です。

私たちは「伝統」だとか「国民性」だとかという言葉を安易に使いがちですが、筆者はこのような考え方に「時として、このような欺瞞(ぎまん)が隠されている」と主張します。その例として最初に「和服」「仇討(あだうち)」などが挙げられているわけですが、文章の構成はやや読み取りにくくなっています。しかし、前述の筆者の前提となる考え方を押さえ、時には後戻りしながら読み進めていくと、その真意は理解できます。その上で問題に臨みたいところです。

解答

漢字　a 避難　b 陳列　c 痛感　d 徹底　e 限界
(1) (例)日本人が和服を着なければならない理由は特になく、洋服との交流が千年遅く、別の衣服を発明する手法がなかったと考えている。
(2) A 根　B 八　(3) ウ
(4) (例)伝統とか国民性と言われるものの中には特に理由もなく続けられているものもあるということ。
(5) ア

解説

(1)最終段落に筆者の考えがまとめられている。押さえるべき点は二点。①洋服との交流が千年遅かったこと。②別の衣服を発明する手法を持たなかったこと。その上で、「日本人の貧弱な体軀(たいく)が特にキモノを生みだしたのではない。」に着目したい。　(2)基本慣用表現の問題。　(3)「夢の中の物語」のこの場合の意味を考える。文脈から「信じられない」や「現実にあったとは思えない」などの語句で説明できる。　(4)「このような」は前段落を指すが、ここでは傍線部より後の記述でその内容をまとめている。　(5)直前の内容から「発見」とは何かを考える。

24 居住空間における日本的なもの (54〜55ページ)

高階秀爾(たかしなしゅうじ)…一九三二(昭和七)年〜。東京都生まれ。美術史学者・美術評論家・東京大学文学部名誉教授・大原美術館館長。東京大学教養学部卒業。

恩賜賞・日本芸術院賞など、多数受賞。

出典…『西洋の眼　日本の眼』(青土社)〈1　日本と西洋　居住空間における日本的なもの—西洋建築と比較して〉の一節。

読解のポイント　日本の美術史学者・美術評論家の文章です。まず、日本の神社を例に挙げ、日本における「内外の区別」を読者にわかりやすく説明しています。そこから「日本人の意識」に話を進めていく形をとっています。

この文章のキーワードとして、「内」「身内」「間」「間合い」という言葉が出てきます。これは日本人の行動様式を理解する上で重要となってきます。一見抽象的で捉えにくいように思えますが、筆者が挙げている例に沿って読んでいけば、それぞれのキーワードが持つ意味を理解できるでしょう。特に、「間」という言葉に注目しましょう。日本人は「空間」「時間」「人間関係」が常に関わり合った中で生活をしています。「間」というものは日本人の生活にとって重要な役割をするということを理解しておきましょう。

解答

漢字　a 荘厳　b 縄　c 寝室　d 解明　e 鍵

(1) (例)物理的には内外の境界ははっきりしておらず、日本人の意識の中でのみ区別されている。

(2) 時によって変わるもの(10字)

(3) (例)「間」は日本人にとって空間・時間・人間における関係性の広がりを表す言葉で、「間」の感覚は現在でも日本の生活や文化に生き続けているから。

(4) 悪い　(5) **ウ**

解説

(1)日本の「内外の区別」を示す例として、鳥居や関守石が挙げられている。その特徴から考える。　(2)日本人の行動様式を表す「身内」という言葉の意味が、時と場合によって「会社全体」であったり「家族」であったりすることから考える。　(3)傍線部②の前後の内容をまとめる。「間」は日本人の生活や文化にとって必要不可欠な言葉であるから、「間合い」を見定めることが日本人として重要になってくる。　(4)「間が悪い」はきまりが悪い、運が悪いという意味。　(5)**ア・イ** 日本では鳥居などによって聖なる空間を守っている。ただし、物理的にはっきりと区別されているわけではなく、鳥居などで区別されているだけである。**エ** 現代でもなお「時間・空間・人間の関係性」の広がりは残っていると最終段落に書かれている。

25 同行三人 (56〜57ページ)

白洲正子(しらすまさこ)…一九一〇(明治四三)年〜一九九八(平成一〇)年。東京都生まれ。随筆家。樺山伯爵家に生まれる。能や骨董に造詣が深く、日本の美についての随筆を多く著す。小林秀雄や梅原龍三郎などとも交遊した。代表作に『かくれ里』『能面』(両作品とも読売文学賞)をはじめ、『西行』『明恵上人』『西国巡礼』『いまなぜ青山二郎なのか』『両性具有の美』『白洲正子自伝』など、著書多数。

出典…『同行三人』の一節。

読解のポイント　旅先での印象的な出会いを記した文章です。本章のテーマである「日本や世界の文化に目を向ける」からすると、本問を採用することに疑問を感じた人もあるかもしれません。しかし旅は国内外を問わず、新たな「世界」を経験する契機となる場合が少なくありません。本問でも筆者は「生涯忘れぬような強烈な印象」と記しています。その筆者の思いをしっかりと読み取りたい文章です。

解答

漢字　a 取材　b こんりゅう　c 木立　d 均衡　e 感銘

(1) なぜ私〜らだ。

(2) **ア**　(3) **イ**

(4) (例)人形を含めた五人の無言の和やかな会食も無事に終わることができず、妻の乱心もぶりかえしたに違いない。(49字)

解説

(1)文脈に沿って読み進めていけば、容易に該当箇所は見つかるだろう。(2)注意すべきは息子の死で乱心した妻の心を静めるために夫は人形をあてがったので、人形を息子と信じているのは妻だけである。**イ**〜**エ**はこの条件に合わない。(3)娘が「ひと目で事情を察」する鋭さを持っていたからである。**ア**「若い」ことだけが印象的なのではない。**ウ**「幻想的」が合わない。(4)文中の表現で直接利用できるのは「人形をふくめて五人の(和やかな)会食」。この部分を核として書き進めれば、比較的まとめやすい。

26 道を歩くということ (58〜59ページ)

小池昌代(こいけまさよ)…一九五九(昭和三四)年〜。東京都生まれ。詩人。詩集に『永遠に来ないバス』(一九九七年、現代詩花椿賞)、『もっとも官能的な部屋』(二〇〇〇年、高見順賞)など。エッセイ集に『屋上への誘惑』(二〇〇一年、講談社エッセイ賞)がある。

出典…『道について』(『図書』二〇〇三年六月号所収)から抜粋。

読解のポイント 「道を歩くということとは、いったい、どういうことだろう」で始まる文章はやや唐突な感じがします。しかし、読み進めていくうちに筆者の真意を徐々に理解することになります。筆者が自分の住む町を「自分の身体を何十倍にもふくらませたもの」というとき、「歩く」とはまさに身体的な経験に他ならないことを改めて理解するのです。そのことを筆者は「全身をかけて、土地を切り開き、土地にもぐりこみ、土地になじんでいく行為」と表現しています。これら「全身」「切り開き」「もぐりこみ」「なじんでいく」といった身体的な表現をしっかり押さえた上で設問に臨むことが本問の鍵となるでしょう。

解答

漢字 a 細胞　b 点在　c 把握　d 概念　e 明瞭

(1) 町の構〜てきた

(2) (例)実際に歩いている道の風景を見定めながら、見えない裏道を予測したり想像したりしながら歩くこと。

(3) A 知っている　B 知らない　C 走る

(4) (例)知らない町を実際に歩くことで段々とその土地に慣れていくこと。

(5) ア

解説

(1)ポイントは「頭のなかに」という表現が身体的な意味を持つことを押さえることにある。その上で字数に合った身体的な表現の箇所を選ぶ。(2)「複合」とは「二種以上のものが結合して一つのものをつくり上げること」であり、本文ではどんなことが「二種」にあたるかを考える。第一段落に説明してあるので、二種(=歩いている道とその裏の見えない道)を押さえてまとめる。(3)A・Bは文脈を正確にたどれば難しくない。Cは慣用的表現の問題。(4)指すのは直前の段落の内容。キーセンテンスである「道を歩くことは、こうして全身をかけて、土地を切り開き、土地にもぐりこみ、土地になじんでいく行為にほかならなかった。」をうまくまとめたい。(5)まずは「二重」の内容を押さえる。つまり、①言葉の不自由さ、②その土地が不案内であること、の二点である。

27 近代日本思想案内 (60〜61ページ)

鹿野政直(かのまさなお)…一九三一(昭和六)年〜。大阪府生まれ。早稲田大学名誉教授。早稲田大学文学部卒業。日本近現代思想史専攻。

出典…『近代日本思想案内』(岩波文庫別冊)〈1 幕末という時代　ペリー来航マインド騒動　西洋の発見「日本」の発見　幕藩制を超える視野〉

の抜粋。本書は幕末維新から戦後まで、近代日本百年の間に日本人によって生みだされた思想と、それを担った思想家について記している。福沢諭吉の啓蒙（けいもう）思想から自由民権思想、国粋主義、人権思想、民主主義、民族思想、科学思想、社会主義、フェミニズムまで主な思想潮流を整理し、主要な著作を紹介する。

読解のポイント　日本の歴史の中で、基本的に外国とは「中国」を中心とした東アジアの国々でした。三百年の鎖国を経て、幕末から明治にかけて日本の歴史の中で初めて正面から「西洋」と出会うことになります。そのことがもたらした意味は小さくありません。筆者はその衝撃の様子を「玉虫左太夫」という人物を挙げて説明しています。玉虫の記述部分は少し読み取りにくいかもしれませんが、筆者の補足説明をしっかり押さえながら、その内容を理解したいところです。

解答

漢字　a 開眼　b かっとう　c 拍車　d 撤廃　e りゅうせい

(1) ①土佐藩　②長州藩　(2) ウ

(3) あ×　い○　う○　え×　お○

(4) ⑤(例)同類の中で最も優れていること。

⑥(例)他の書物から抜き出して書くこと。

解説

(1)「藩」という言葉がヒントとなる。長州藩から土佐藩へ向けての手紙なので、「尊」は土佐藩を、「弊」は長州藩を指す点に注意する。　(2)一般常識として『学問のすゝめ』は知っておきたい。　(3)あ本文文末に「身分制のテッパイが国家の隆盛をもたらすという認識への転換でした」とあり、玉虫が身分制に疑問を持ったことがわかる。　い直接的な記述はないが「それまで前提としてきた身分制の秩序が、彼の心中で揺さぶられてゆくさまが窺われます」などの記述から類推する。　う「玉虫は驚きをもって発見します」とある。　え「危機感を深めてゆく」とはあるが、選択肢にあるような記述はない。　お選択肢のい、うを正しいとするならば、この選択肢も○にできる。

章末問題　大停滞の時代を超えて　（62〜63ページ）

山崎正和（やまざきまさかず）…一九三四(昭和九)年〜二〇二〇(令和二)年。京都府生まれ。評論家・劇作家。関西大学教授、大阪大学教授、東亜大学学長などを歴任。京都大学文学部卒業。劇作家としては『世阿彌（ぜあみ）』や『オイディプス昇天』などを発表。主な著書に『不機嫌の時代』『社交する人間―ホモ・ソシアビリス』など。

出典…『大停滞の時代を超えて』(中公叢書)〈Ⅲ　時事を離れて想う　日本人と海〉の一節。佛教大学の入試問題として出題されたものの一部を改訂したものである。

読解のポイント　この問題集で学んできたことの総仕上げとして、入試頻出の著者による日本人論を取り上げました。

二十一世紀に入ってから十年余りを迎えた日本の現状について、その本質を解き明かし、時代への指針を示す評論集の一節です。

本文では、海との関わり方をもとに、明、ポルトガル・スペイン・オランダ、イギリス・アメリカなど、さまざまな国と比較しながら、「海岸民族」としての日本の国民性がもたらしたものについて論じています。「文化決定論」について、この「日本の奇跡」が反証となり得るのはなぜなのか、筆者の主張を正確に読み取り、自分の言葉でわかりやすくまとめる力が求められます。

解答

(1) a あこが　b 逸話　c なか　d まかな　e こうぼう

(2) Ⓒ

(3) (例)周囲を海に囲まれた環境で生活しているが、海や、その先にある外国にはあまり興味を示さない民族。

(4) エ

(5) (例)民族の興亡はそれぞれの民族がもつ固定的な性格によって決まるという「文化決定論」に反して、海への憧れをもたず、海外への進出をしてこなかった日本が、工業化の波に乗って貿易立国に成功したこと。

解説

(2)前の内容を受けて「所詮はＳＦ小説の種にすぎない」と述べていることに注目する。また、「現実の太平洋戦争」と比べて「合理的な空想」とあるため、戦争に関わる仮説ではないかと予想される。これにあてはまる内容は秀吉の朝鮮出兵について言及しているCである。　(3)「海岸民族」と「海洋民族」の違いを明確にして説明する。前の段落で、日本は「周囲は海ばかりの国」であるが、「海への憧れを強く抱いていたら」するはずであろう密出国や幕府直轄での使節団の派遣をしなかった、ということが指摘されている。つまり、「海岸」〈海に接している陸〉に住んでいるにも関わらず、その先の「海洋」には興味がなかった、ということである。　(4)筆者はポルトガル・スペイン・オランダなどのように進出が没落を招いたケースと、イギリス・アメリカのように成功したケースを比較しながら考察している。両者の違いは「工業化以前」か、「工業化以後」かということであり、日本も工業化の波に乗って貿易立国に成功したことが指摘されている。

(5)〈民族固有の文明・固定的な性格が民族の興亡を左右する〉という「文明決定論」の内容を押さえた上で、この論の「反証」となっている「日本の奇跡」について説明する。〈民族固有の文明・固定的な性格〉が「海洋民族ではなかった」という日本人の特質を考慮すれば、日本は文明決定論的には貿易立国にはならなかったのである。

基礎をしっかり固める

トレーニングノート

Training Note α

数学Ⅱ

■ 新課程対応

本書 トレーニングノート α	基礎	標準	発展
姉妹版 トレーニングノート β			

since 1890
受験研究社